东北历史与文化研究丛书

满学研究论文索引（下）

主编　范艳君　李才
副主编　王莹　李爽

吉林文史出版社

图书在版编目（CIP）数据

满学研究论文索引．下／范艳君，李才主编．—— 长春：吉林文史出版社，2016.12

ISBN 978-7-5472-2569-1

Ⅰ．①满… Ⅱ．①范… ②李… Ⅲ．①满族－民族学－论文－索引－中国 Ⅳ．①Z89；K282.1

中国版本图书馆CIP数据核字（2016）第311288号

满学研究论文索引（下）

MANXUE YANJIU LUNWEN SUOYIN XIA

主编／范艳君 李才
副主编／王莹 李爽
责任编辑／康迈伦
封面设计／孙浩瀚
印装／北京市媛明印刷厂
开本／720mm × 1000mm 1/16
字数／200千字
印张／11
版次／2017年1月第1版 2017年1月第1次印刷
出版发行／吉林文史出版社（长春市人民大街4646号）
联系电话／0431-86037516 13578885062
www.jlws.com.cn
书号／ISBN 978-7-5472-2569-1
定价／33.00元

目录

编辑说明……………………………………………………………1

分类索引……………………………………………………………1

九、语言文字……………………………………………………1

十、文化与文化交流…………………………………………… 29

（一）文化概述…………………………………………… 29

（二）教育及各类教育…………………………………… 48

（三）体育、游戏………………………………………… 52

（四）图书馆与现代技术………………………………… 56

十一、军事、地理……………………………………………… 61

（一）军事………………………………………………… 61

（二）地理………………………………………………… 62

十二、医药、科技……………………………………………… 67

（一）医药………………………………………………… 67

（二）科技………………………………………………… 68

十三、各类人才、民族人物…………………………………… 70

十四、书评、会议综述………………………………………… 80

作者索引………………………………………………………… 94

编辑说明

本索引收录了自1950至2013年12月间，国内公开或内部出版的有关满学研究方面的中文论文，共计4000余篇。

本索引分为通论；政制、经济、法律；哲学、宗教；历史；文献与考古；文学；艺术；社会生活与民族；语言文字；文化与文化交流；军事、地理；医药、科技；各类人才、民族人物；书评、序言、会议综述十四项，有十一项下又分子目，且部分子目又酌设了细目。

本索引采用公元纪年，凡原文采用年号纪年法的均换算为公元纪年，不再注明。

本索引采用简体字排印，严格依据"第一批简化字表"著录，不做类推简化，对原文使用的不规范简化字均做校正，不再注明。

原文中出现的满文字符，均用国际学界通用的罗马字母转写代替，不再注明。

本索引论文条目依出版年份及题名汉语拼音为序。

本索引所附作者索引，按照汉语拼音顺序排列，只著录论文编号。

本索引所收论文根据国家标准GB 3793—83《检索期刊条目著录规则》，结合报纸、论文集、博硕士论文的特点进行著录，其格式分别为：

1. 期刊论文

①顺序号②文献题名③/责任者，多责任者的用逗号分隔④//期刊名称⑤.—年，(卷期)⑥.—起止页

2. 报纸论文

①顺序号②文献题名③/责任者，多责任者的用逗号分隔④//报纸名称⑤.—年.月.日

满学研究论文索引（下）

3. 论文集论文

①顺序号②文献题名③/责任者，多责任者的用逗号分隔④//论文集名称：出版社⑤.—年.月⑥.—起止页

4. 博硕士论文

①顺序号②文献题名③/责任者④（责任者单位）⑤//学位授予单位⑥.—年.月.日

分类索引

九、语言文字

2521 满族的语言文字/王涛//内蒙古社会科学.—1982,(1).—110~111

2522 《清太祖朝老满文原档》(第二册)汉译文的勘正/吴扎拉·奇车山//满语研究.—1985,(1).—66~81

2523 阿勒楚喀满语语音简论/穆晔骏//满语研究.—1985,(1).—5~15

2524 安徒莫日根/尤志贤//满语研究.—1985,(1).—96~110

2525 关于满洲文字母第六元音的读音/清格尔泰//满族研究.—1985,(1).—34~36

2526 黑龙江省满语地名翻译的几个问题/黄锡惠//满语研究.—1985,(1).—54~62

2527 论满语的后置词/法里春//满语研究.—1985,(1).—16~21+62

2528 论满语中的汉语借词/季永海//满语研究.—1985,(1).—22~27+47

2529 满文对达斡尔族文化发展所起的作用/巴达荣嘎//满族研究.—1985,(2).—53~55

2530 盛京满文兴衰谈/佟永功,关嘉录//满语研究.—1985,(1).—28~34

2531 试谈满文中的汉语借词/佟永功,关嘉录//满族研究.—1985,(1).—37~41

2532 希尔达鲁莫日根/付万金//满语研究.—1985,(1).—82~95+110

2533 锡伯语言文字乃满语满文的继续/安俊//满语研究.—1985,(1).—41~47

2534 《安徒莫日根》(三)/尤志贤//满语研究.—1986,(2).—78~90

2535 阿勒楚喀满语的数词与格助词/穆晔骏//满语研究.—1986,(1).—2~17

2536 安徒莫日根(连载)/尤志贤//满语研究.—1986,(1).—84~97+139

2537 初探三家子满语中动词"时"的表示法/赵金纯//满语研究.—1986,

满学研究论文索引（下）

（1）.—49～55

2538 动词词尾谈／安双成／／满语研究.—1986,（2）.—31～38

2539 拉林满语语音概论／穆晔骏／／满语研究.—1986,（2）.—2～30

2540 论满语的复合谓语、副动词做状语及连动式／江桥／／满语研究.—1986,（1）.—45～48

2541 满文篆书简论／邹兰欣／／满语研究.—1986,（1）.—75～79

2542 满文字母篆书一览表／／满语研究.—1986,（1）.—80～83

2543 满语"四时"解／姜冬云／／满语研究.—1986,（2）.—74+38

2544 满语地名杂谈／共由／／满语研究.—1986,（1）.—69+79

2545 满语地名中"毕拉"、"穆克"音变初探及相关河流之考译／黄锡惠／／满语研究.—1986,（1）.—26～45

2546 满语研究中的一些问题／季永海，赵杰／／满语研究.—1986,（2）.—58～63

2547 满语语流音变刍议／刘厚生／／满族研究.—1986,（1）.—26～29

2548 满语中的多义词、同义词、反义词／屈六生／／满语研究.—1986,（2）.—39～44

2549 清代满族语言文字废弃的历史考察／张杰／／辽宁大学学报（哲学社会科学版）.—1986,（1）.—32～34

2550 试论满语的元音o,u,ū／王庆丰／／满语研究.—1986,（1）.—17～22

2551 谈满语中的be／李书／／满语研究.—1986,（1）.—54～57

2552 通古斯—满语与文化／赵振才／／满语研究.—1986,（1）.—58～69

2553 同区音与变体音——从汉、满元音分布所想到的／赵杰／／满语研究.—1986,（1）.—22～25

2554 希尔达鲁莫日根（连载）／傅万金／／满语研究.—1986,（1）.—98～118

2555 希尔达鲁莫日根（三）／傅万金／／满语研究.—1986,（2）.—91～112

2556 安徒莫日根（四）／尤志贤／／满语研究.—1987,（1）.—105～117

2557 从沈阳清故宫满文门额的演变看满语文的发展／王佩环／／满族研究.—1987,（2）.—41～44

2558 关于海东青／张嘉鼎／／满族研究.—1987,（3）.—80

2559 库图勒考／刘小萌／／满语研究.—1987,（2）.—121～128

2560 论满文的使用及其历史作用／佟永功，关嘉录／／满族研究.—1987,（3）.—59～64

九、语言文字

2561 论满语的摹拟词/黎艳平//满语研究.—1987,(2).—42~45

2562 论满语动词的形态变化/王庆丰//满语研究.—1987,(1).—67~73

2563 满语和汉语的互相影响/爱新觉罗·瀛生//满族研究.—1987,(1).—67~72

2564 满族传统风俗/秋心//满族研究.—1987,(2).—82~95

2565 满族与沈阳语、北京语/关纪新,孟宪仁//满族研究.—1987,(1).—73~81

2566 十二字头拉林口语读法解/穆晔骏//满语研究.—1987,(1).—16~50

2567 泰来满语音位解析/赵杰//满语研究.—1987,(1).—51~66

2568 谈谈满语的京语/爱新觉罗·瀛生//满语研究.—1987,(1).—2~15+73

2569 通古斯语概论/B.普季岑,孙运来//满语研究.—1987,(2).—129~144+120

2570 香曼莫日根(一)/尤志贤//满语研究.—1987,(2).—71~91+70

2571 《清文汇书》中所见满族习俗/佟悦//满族研究.—1988,(2).—73~77

2572 略谈满族民俗/荣恒山//满族研究.—1988,(1).—72~78

2573 满语动词的时体范畴/金森方//满族研究.—1988,(2).—42~53

2574 《东北史纲要》中的满语运用/董万仑//满语研究.—1989,(1).—51~61

2575 阿尔泰语系诸语言源流的由来/吴维//满语研究.—1989,(2).—126~130+143

2576 北京现存满语杂记/张嘉鼎//满语研究.—1989,(2).—58~61

2577 辨析满语的多种复句/赵盛利//满语研究.—1989,(2).—20~23+49

2578 辨析满语的主动态、被动态和使动态/赵盛利//满语研究.—1989,(1).—48~50+79

2579 从满族共同体的人员组成看满语京语音变/爱新觉罗·瀛生//满族研究.—1989,(2).—55~65

2580 论满语词的构成/赵阿平//满语研究.—1989,(2).—7~19

2581 论满语复句/吴元丰//满语研究.—1989,(1).—32~38

2582 论满语判断句/沈原//满语研究.—1989,(1).—39~44

2583 满汉词义的对比与翻译/白立元//满语研究.—1989,(2).—40~45+102

2584 满蒙语的互相影响/巴达荣嘎//满语研究.—1989,(2).—3~6

2585 满文本《金瓶梅序》今译/刘厚生//满语研究.—1989,(2).—50~57

满学研究论文索引（下）

2586 满译汉浅谈/黎艳平//满语研究.—1989,（2).—46～49

2587 满族的"妈妈口袋"及"开锁"习俗的探讨/穆尔察占堃//满族研究.—1989,（1).—77～79+55

2588 试论满语词的组合类型/赵阿平//满语研究.—1989,（1).—21～31

2589 谈ningge一词在满语中的作用/黎艳平//满语研究.—1989,（1).—45～47+61

2590 谈谈满语的京语（三）/爱新觉罗·瀛生//满语研究.—1989,（1).—4～20

2591 香曼莫日根（四）/尤志贤//满语研究.—1989,（1).—121～137+95

2592 香曼莫日根（五）/尤志贤//满语研究.—1989,（2).—103～112

2593 从女真语到满洲语/金秦方//满语研究.—1990,（1).—46～52+36

2594 对满文牌匾中名词引用及书写问题的探讨/赵维和//满族研究.—1990,（3).—66～68

2595 论达斡尔语中的满语借词/丁石庆//满语研究.—1990,（1).—53～60

2596 论满文元音字母的相变/于鹏翔//满语研究.—1990,（2).—38～41+21

2597 论满语词汇的特点/赵阿平//满语研究.—1990,（1).—15～36

2598 论满语句子的特殊成分/黎艳平//满语研究.—1990,（1).—41～45

2599 论满语祈使句/张玉//满语研究.—1990,（1).—37～40+120

2600 论满语疑问句的构成方式/赵阿平//满语研究.—1990,（2).—13～21

2601 满汉对照口语译例——老汗王起家/赵杰//满语研究.—1990,（2).—124～126

2602 满语动词的句中时态/栗振复//满语研究.—1990,（1).—5～14+102

2603 满族讲祖习俗的演变与发展/金天一//满族研究.—1990,（3).—60～65

2604 清代满族曲艺子弟书的语言特点/赵志忠//满语研究.—1990,（1).—136～139

2605 试析清代满文档案汉译中的管界问题/屈六生//满语研究.—1990,（2).—95～100

2606 谈谈满语的京语/爱新觉罗·瀛生//满语研究.—1990,（2).—22～37

2607 香曼莫日根（六）/尤志贤//满语研究.—1990,（1).—121～135

2608 香曼莫日根（七）/尤志贤//满语研究.—1990,（2).—114～123+113

2609 论满语形动词和动名词/清畲//满语研究.—1991,（2).—55～59

2610 满文档案翻译工作中的几个问题/雅路//满语研究.—1991,（2).—92～94

九、语言文字

2611 满语词语的形象色彩及其修辞作用/黎冉//满语研究.—1991,（1).—21~29+83

2612 满语地名翻译的语源、音变问题/黄锡惠//满语研究.—1991,（2).—95~112

2613 满语多义词与同音词的辨别及运用/赵阿平//满语研究.—1991,（2).—24~38

2614 满语附加成分的语义结构分析/吴宝柱//满语研究.—1991,（1).—30~42

2615 满语同义词的辨析与运用/肖可//满语研究.—1991,（1).—3~20

2616 满语虚字be,de,i,ci,deri的用法/安双成//满语研究.—1991,（2).—39~43

2617 满语中的兼类词举隅/屈六生//满语研究.—1991,（2).—16~23

2618 蒙满书面语部分构词附加成分比较/波·索德，额·班布尔//满语研究.—1991,（1).—59~67

2619 清代达斡尔族满达双语现象形成的多元基础/丁石庆//满语研究.—1991,（2).—79~83

2620 清代满汉音韵书三种/季永海//满语研究.—1991,（2).—64~71+43

2621 试论满语复合词的语义结构/吴宝柱//满语研究.—1991,（2).—44~54

2622 试析动词ombi及其常用形态的词义表达/黎冉//满语研究.—1991,（2).—60~63+144

2623 谈《满族古神话》中的民俗/宁昶英//满族研究.—1991,（2).—39~40

2624 谈满蒙语语音相近词的语义关系/乌日根，索德//满语研究.—1991,（2).—84~86

2625 谈清代史籍中"满名汉字音译"问题/邓天红//满语研究.—1991,（1).—132~135

2626 谈谈满语的京语/爱新觉罗·瀛生//满语研究.—1991,（2).—3~16

2627 香曼莫日根（九）/尤志贤//满语研究.—1991,（2).—128~140

2628 "山市河"语音含义探析/共由//满语研究.—1992,（2).—95~96+94

2629 《清语易言》语音探析——读书笔记之二/季永海//满语研究.—1992,（1).—3~10

2630 北京话中的两句满语/赵书//满族研究.—1992,（3).—93

2631 对《阿察布密》歌词的释译/王庆丰，付秋荣//满语研究.—1992,（2).—

119～121+130

2632 关于满语和蒙古语某些辅音的比较（一）/哈斯巴特尔//满语研究.—1992,（2）.—54～58

2633 论满语词的借代义和比喻义/黎艳平//满语研究.—1992,（2）.—51～53

2634 论满语颜色词/吴宝柱//满语研究.—1992,（2）.—31～42+115

2635 满汉谚语语义辨析/赵阿平//满语研究.—1992,（1）.—22～32

2636 满蒙语数词的比较/额尔敦巴根//满语研究.—1992,（1）.—69～73

2637 满语地名汉译问题浅析/赵维和//满族研究.—1992,（2）.—59～62

2638 满语附加成分的分类及其特点/吴宝柱//满语研究.—1992,（1）.—40～46

2639 满语借用汉语的方式和方法/乌日根//满语研究.—1992,（1）.—47～52

2640 满语句子成分的位置/嵩克//满语研究.—1992,（1）.—33～39

2641 满语语义文化内涵探析（一）/赵阿平//满语研究.—1992,（2）.—18～30

2642 满族的语言和文化/乌拉熙春//满族研究.—1992,（2）.—52～58

2643 试析满语分句的连接关系及连接手段/黎冉//满语研究.—1992,（2）.—59～65

2644 谈清代满文档案中的公文套语/吴雪娟//满语研究.—1992,（1）.—119～124+89

2645 谈谈几个虚词/栗振复//满语研究.—1992,（1）.—10～21

2646 谈谈满语的京语（六）第七部分 京语的变音和常音/爱新觉罗·瀛生//满语研究.—1992,（2）.—1～17

2647 通古斯语的类型与差异/津曲敏郎，肖可//满语研究.—1992,（2）.—43～50

2648 香夏莫日根（十）/尤志贤//满语研究.—1992,（1）.—125～133

2649 香夏莫日根（十一）/尤志贤//满语研究.—1992,（2）.—122～130

2650 满族人的吉祥物——玉如意/赵书//满族研究.—1993,（2）.—12

2651 满族转用汉语的历程与特点/季永海//民族语文.—1993,（6）.—38～46

2652 《满达词典》研究/恩和巴图//满语研究.—1994,（2）.—41～50

2653 《清文启蒙》语音研究——读书笔记之三/季永海//满语研究.—1994,（2）.—1～13

2654 满文诗歌《告别盛京》的研究与翻译/富丽//满语研究.—1994,（2）.—

83～93

2655 满语地名翻译的同音同形异义问题/共由//满语研究.—1994，(1).—67～78

2656 满语方位词词根辨析/吴宝柱//满语研究.—1994，(2).—28～35+27

2657 满语和蒙古语从比格词缀比较/哈斯巴特尔//满语研究.—1994，(2).—51～58

2658 满语语义文化内涵探析（三）/赵阿平//满语研究.—1994，(1).—24～36

2659 满语语义文化内涵探析（四）/赵阿平//满语研究.—1994，(2).—14～27

2660 满族用石镇宅习俗探源/张德玉//满族研究.—1994，(4).—49～51

2661 乾隆朝"钦定新清语"（二）/张虹，程大鲲//满语研究.—1994，(2).—68～77+50

2662 清代公文书中常用的几个满语动词/方汇，肖可//满语研究.—1994，(2).—36～40+140

2663 三部《尼山萨满》手稿译注/季永海，赵志忠//满语研究.—1994，(1).—98～111

2664 顺治元年清字记事档（十一月）满文翻译/罗丽达//满族研究.—1994，(4).—87～89

2665 谈谈满语的京语（七）/爱新觉罗·瀛生//满语研究.—1994，(1).—15～23+36

2666 希尔达鲁莫日根（二）/尤志贤//满语研究.—1994，(1).—113～128

2667 戌年话狗/金翁//满族研究.—1994，(1).—43～44

2668 《满达词典》研究（二）——满达词汇对照/恩和巴图//满语研究.—1995，(2).—106～121

2669 朝鲜语和满语、锡伯语同源词的语音对应规律探析/奇车山//满语研究.—1995，(1).—86～95+126

2670 从语言特征谈我国满一通古斯语言的分类/张晰//满语研究.—1995，(1).—45～55

2671 关于《尼山萨满传》中一段文词的探析/津曲敏郎，孙辉//满语研究.—1995，(1).—127～132

2672 关于满通古斯诸语的辅音结构/D.O.朝克//满语研究.—1995，(1).—

31～35+98

2673 桦太乌伊勒塔语的感叹、疑问及其词尾/池上二良，赵阿平//满语研究.—1995，(1).—69～79

2674 论满通古斯诸语的格形态及功能/卡丽娜//满语研究.—1995，(2).—29～39

2675 论满语元音和谐律/刘景宪//满语研究.—1995，(2).—19～23

2676 满文的读音和转写法/清格尔泰//满语研究.—1995，(1).—1～12+55

2677 满语地名翻译的同音异源问题/黄锡惠//满语研究.—1995，(2).—78～95+136

2678 满语元音简论/沈原，赵志强//满语研究.—1995，(1).—36～44

2679 满语中动物词语的文化含义（上）/赵阿平//满语研究.—1995，(2).—24～28

2680 满族民俗——灯官会/任鸿魁，张桂秋//满族研究.—1995，(1).—50～51

2681 蒙古语察哈尔土语中的满语借词/斯勒巴特尔//满语研究.—1995，(1).—96～98

2682 女真语与满语之比较研究/穆鸿利//满语研究.—1995，(1).—56～68

2683 乾隆朝"钦定新清语"（三）/张虹，程大鲲//满语研究.—1995，(2).—51～58

2684 乾隆朝"钦定新清语"探析/佟永功，关嘉禄//满族研究.—1995，(2).—66～70

2685 清初满语京语重音前移及其对京腔汉语的影响/赵杰//满语研究.—1995，(1).—21～30+68

2686 清代满族语言文字在东北的兴废与影响/张杰//北方文物.—1995，(1).—63～68

2687 清代文学作品中的满语词/赵志忠//满语研究.—1995，(2).—74～77

2688 萨满神歌满文浅析/宋和平//满语研究.—1995，(2).—70～73+133

2689 三部《尼山萨满》手稿译注/季永海，赵志忠//满语研究.—1995，(1).—118～126

2690 山东青州北城满族所保留的北京官话方言岛记略/张树铮//中国语文.—1995，(1).—30～35

2691 谈满文中人名的写法/扎昆，依兰//满族研究.—1995，(3).—64～66

九、语言文字

2692 谈谈满语的京语（八）/爱新觉罗·瀛生//满语研究.—1995,（1）.—13～20

2693 西方语言学对中国阿尔泰诸语言研究的影响/道布//满语研究.—1995,（2）.—17～18

2694 希尔达鲁莫日根（三）/尤志贤//满语研究.—1995,（1）.—133～137

2695 希尔达鲁莫日根（四）/尤志贤//满语研究.—1995,（2）.—122～133

2696 颜色词"白色"的民族文化内涵义/肖可//满语研究.—1995,（1）.—80～85

2697 阿尔泰语言理论及其焦点问题/吴宏伟//满语研究.—1996,（2）.—39～54

2698 对满语manggi和nakū的探析/刘景宪//满语研究.—1996,（1）.—13～16

2699 关于满文档案整理翻译的几个问题/佟永功，关嘉禄//满族研究.—1996,（4）.—33～37

2700 关于满语文语的变异形态/许明玉，山崎雅人//满语研究.—1996,（1）.—24～40+16

2701 关于牛庄城老满文门额/李贤淑//满族研究.—1996,（3）.—91～96

2702 汉语中的满语借词概述/许皓光，刘延新//满族研究.—1996,（1）.—68～71

2703 京剧《请清兵》满语唱词译释/印丽雅//满语研究.—1996,（1）.—114～119

2704 论阿尔泰语系语言的复数附加成分/孟达来//满语研究.—1996,（2）.—55～60

2705 论满通古斯诸语的音变规则/D.O.朝克//满语研究.—1996,（2）.—9～12

2706 满语方位词附加成分辨析/吴宝柱//满语研究.—1996,（2）.—21～25

2707 满语数词"tofohon"及几个数词探析/奇车山//满语研究.—1996,（1）.—41～43

2708 满语中动物词语的文化含义（下）/赵阿平//满语研究.—1996,（1）.—17～23+74

2709 旗人语言才能探因/赵杰//满语研究.—1996,（1）.—75～84+142

2710 乾隆朝"钦定新清语"（四）/张虹，程大鲲//满语研究.—1996,（2）.—

31～38

2711 三部《尼山萨满》手稿译注/季永海，赵志忠//满语研究.—1996，(1).—103～113+144

2712 谈满族语言文字的主要社会功能/邓天红//满语研究.—1996，(2).—26～30

2713 谈谈满语的京语（八） 第八部分 单词入句（二）续/爱新觉罗·瀛生//满语研究.—1996，(1).—1～12+144

2714 希尔达鲁莫日根（五）/尤志贤//满语研究.—1996，(1).—133～142

2715 中国、俄罗斯的通古斯诸语/津曲敏郎，赵阿平//满语研究.—1996，(2).—13～20

2716 《祭祀全书巫人诵念全录》译注/奇车山//满语研究.—1997，(1).—84～104

2717 《祭祀全书巫人诵念全录》译注(二)/奇车山//满语研究.—1997，(2).—104～113

2718 《满达词典》研究（三）——满达词汇对照/恩和巴图//满语研究.—1997，(1).—110～127

2719 论动词sembi、ombi、bimbi的语法功能/刘景宪//满语研究.—1997，(1).—15～28

2720 论满语口语格形态及其意义/恩和巴图//满语研究.—1997，(2).—3～11+67

2721 满语音节拼读现象和复合元音的产生/雅尔哈//满语研究.—1997，(2).—36

2722 满族萨满教神词的思想内涵与艺术魅力/刘厚生//民族研究.—1997，(6)

2723 民族文化遗产抢救工作应当引起重视——泰来县依布气村现代满语情况的调研报告/共由//满语研究.—1997，(2).—72～77

2724 乾隆朝"钦定新清语"（五）/张虹，程大鲲//满语研究.—1997，(2).—37～44+59

2725 抢救满语 迫在眉睫——三家子满族村满语现状调查报告/刘景宪，吴宝柱，蒋理//满语研究.—1997，(2).—68～71

2726 三部《尼山萨满》手稿译注/季永海，赵志忠//满语研究.—1997，(1).—75～83

九、语言文字

2727 谈谈满语的京语（九）/爱新觉罗·瀛生//满语研究.—1997,（1）.—3～14

2728 希尔达鲁莫日根（六）/尤志贤//满语研究.—1997,（1）.—128～141

2729 希尔达鲁莫日根（七）/尤志贤//满语研究.—1997,（2）.—114～127

2730 锡伯族与满语文/安双成//满语研究.—1997,（2）.—18～26

2731 《祭祀全书巫人诵念全录》译注（三）/奇车山//满语研究.—1998,（1）.—96～110

2732 《金史》女真译名的音韵学研究/聂鸿音//满语研究.—1998,（2）.—79～89

2733 《旧满洲档》中的jisami与《满文老档》中的kijimi/成百仁，李贤淑//满语研究.—1998,（2）.—72～78

2734 关于满语中性元音和谐问题的探讨/刘景宪//满语研究.—1998,（1）.—11～20

2735 汉语东北方言中的满语影响/蒋理//满语研究.—1998,（1）.—95

2736 亟待发掘整理的民族文化瑰宝——清代满文篆字应用情况的调研报告/金毅，张鹏//满语研究.—1998,（2）.—120～125

2737 简论满文的创制与改进/张莉//满语研究.—1998,（1）.—40～44+20

2738 金代女真语札记/其木德·道尔吉//满族研究.—1998,（2）.—17～22

2739 论满族语言文字的演变/周澍田，王明志//满语研究.—1998,（2）.—59～64

2740 满文档案汉译浅说/王小虹//满语研究.—1998,（2）.—106～113

2741 满文小篆研究（上）/黄锡惠//满语研究.—1998,（2）.—41～58

2742 满语和锡伯语元音系统结构的历时比较/李兵//新疆师范大学学报（哲学社会科学版）.—1998,（2）.—32～41+97～98

2743 满语位格词缀和蒙古语与位格词缀/哈斯巴特尔//满语研究.—1998,（2）.—1～6

2744 三部《尼山萨满》手稿译注/季永海，赵志忠//满语研究.—1998,（1）.—86～95

2745 盛京四寺满洲语碑文校译/李勤璞//满语研究.—1998,（2）.—90～100

2746 谈阿尔泰语系女真语与满语之比较研究问题/穆鸿利//满族研究.—1998,（2）.—14～16

2747 谈谈满语的京语（十）/爱新觉罗·瀛生//满语研究.—1998,（1）.—1～10

2748 通古斯语言元音和谐与书面满语元音系统/李兵//满语研究.—1998,

(1).—21～32

2749 希尔达鲁莫日根（八）/尤志贤//满语研究.—1998，(1).—123～136

2750 锡伯语和满语共有词书写差异/佟加·庆夫//满语研究.—1998，(2).—65～71

2751 不断完善 广泛应用（上）——清代满文篆字应用情况的再调研/金毅，齐雅香//满语研究.—1999，(2).—77～79

2752 出版物中满语文失误考究/黄锡惠//满语研究.—1999，(1).—72～86

2753 古文满译杂议/李雄飞//满语研究.—1999，(2).—80～115

2754 关于满语和蒙古语动词陈述式词缀-mbi和-mui(-müi),-mu(-mü)的比较/哈斯巴特尔//满语研究.—1999，(2).—13～21+68

2755 韩国的满语研究概况/成百仁，高东昊，蒋理//满语研究.—1999，(1).—43～58

2756 满文小篆研究（下）/黄锡惠//满语研究.—1999，(2).—49～68

2757 满语词与朝鲜语语系归属/赵杰//满语研究.—1999，(1).—32～37

2758 满族语言与历史文化概论/赵阿平//第二届国际满学研讨会论文集（下）：民族出版社.—1999.—27～49

2759 乾隆朝"钦定新清语"（六）/张虹，程大鲲，佟永功//满语研究.—1999，(2).—32～43

2760 乾隆五十三年给霍罕伯克三体敕谕满洲文试译/李勤璞//满语研究.—1999，(2).—81～90

2761 谈谈满语的京语（十一）/爱新觉罗·瀛生//满语研究.—1999，(1).—5～19

2762 希尔达鲁莫日根（九）/尤志贤//满语研究.—1999，(1).—130～136

2763 不断完善 广泛应用（下）——清代满文篆字应用情况的再调研/金毅，张鹏//满语研究.—2000，(2).—34～46

2764 从《清文启蒙》看清代前期满族人的双语使用/赵志忠//满语研究.—2000，(1).—26～31

2765 对清末至民国年间呼伦贝尔地方公文中使用满文情况的考察/佟永功//满语研究.—2000，(2).—20～25

2766 关于阿尔泰语系语言研究的几点建议/吴宏伟//满语研究.—2000，(1).—83～86

2767 满语地名与满族文化/黄锡惠//满语研究.—2000，(2).—52～56

九、语言文字　　13

2768　满语动词的连用形式与副动形式/赵志强//满语研究.—2000，(1).—18～25

2769　乾隆朝"钦定新清语"（七）/张虹，程大鲲，佟永功//满语研究.—2000，(2).—26～33

2770　谈谈满语的京语（十二）/爱新觉罗·瀛生//满语研究.—2000，(1).—1～17

2771　希尔达鲁莫日根（十）/尤志贤//满语研究.—2000，(1).—132～143

2772　延边满语撷拾/赵杰//民族语文.—2000，(3).—18～24

2773　《红楼梦》中的"家生子儿"/凯和//满族研究.—2001，(4).—62～64+85

2774　二十世纪四十年代几种《俗文学》周刊中有关"满汉兼"及满文译本的研究/关家铮//满族研究.—2001，(3).—76～81

2775　关于朝鲜司译院清学书的谚文对音的性质/菅野裕臣，孟达来//满语研究.—2001，(1).—12～16+75

2776　关于满语-mbi词缀/哈斯巴特尔//满语研究.—2001，(1).—1～7

2777　关于满语第一人称复数代词/津曲敏郎，朝克//满语研究.—2001，(2).—21～27

2778　简述乾隆时期满语文的推广、应用及发展/邹兰欣//满族研究.—2001，(1).—83～87

2779　论女真语、满语在东北史研究中的作用/徐俐力，张泰湘//满语研究.—2001，(2).—50～52

2780　满语口语研究的重音问题/黄锡惠//满语研究.—2001，(1).—17～20

2781　满族文字的异质文化影响（一）/黄锡惠//满语研究.—2001，(2).—28～41

2782　蒙古语和满语基本颜色词的比较研究/高娃//满语研究.—2001，(2).—97～101

2783　蒙古语联系助动词"ge"和满语联系助动词"sembi"的比较研究/晓春//满语研究.—2001，(1).—58～65

2784　乾隆朝"钦定新清语"（八）/张虹，程大鲲//满语研究.—2001，(2).—83～88

2785　入关前满族语言中的物质经济文化基因/杨惠滨//满语研究.—2001，(1).—115～120

2786　希尔达鲁莫日根（十一）/尤志贤//满语研究.—2001，(2).—121～126

满学研究论文索引（下）

2787 从满语 butambi 词源文化看不同民族关系 / 哈斯巴特尔 // 满语研究.—2002,（2）.—3～9

2788 简述乾隆帝对完善满语文的贡献 / 张虹 // 满语研究.—2002,（1）.—47～52

2789 京郊火器营北京话中的满语词 / 赵杰 // 民族语文.—2002,（1）.—65～69

2790 满—通古斯语族语言文化抢救调查——富裕县三家子满族语言文化调查报告 / 赵阿平，郭孟秀，唐戈 // 满语研究.—2002,（2）.—39～44

2791 满-通古斯语族语言文化抢救调查——五常、阿城满族语言文化现状考察报告 / 赵阿平，郭孟秀，唐戈，杨惠滨 // 满语研究.—2002,（1）.—58～62

2792 满语动词-ka、-ke、-ko、-ha、-he、-ho 词缀和蒙古语动词-γa、-ge 词缀比较 / 哈斯巴特尔 // 满语研究.—2002,（1）.—22～27

2793 满语动词过去时新解 / 赵志强 // 满语研究.—2002,（1）.—9～15

2794 满语对北京语音的影响 / 赵杰 // 满语研究.—2002,（1）.—38～40

2795 满族文字的异质文化影响（二）/ 黄锡惠 // 满语研究.—2002,（1）.—41～46

2796 满族文字的异质文化影响（三）/ 黄锡惠 // 满语研究.—2002,（2）.—16～26

2797 浅析满语"be"字在句子中的作用及其汉译方法 / 王小红 // 满语研究.—2002,（2）.—10～15

2798 试论满语动词的副动形式 / 和希格 // 满语研究.—2002,（1）.—16～18

2799 谈满语动词 arambi/ 赵志忠 // 满语研究.—2002,（1）.—19～21

2800 谈谈满语的京语（十三）/ 爱新觉罗·瀛生 // 满语研究.—2002,（1）.—3～8

2801 希尔达鲁莫日根（十二）/ 尤志贤 // 满语研究.—2002,（2）.—129～135

2802 中国濒危少数民族语言调查研究——满语现存情况调查报告 / 朝克，赵阿平 // 满语研究.—2002,（2）.—45～49

2803 《满文大藏经》藏传佛教绘画——兼及尊神名号中的满文阿礼嘎礼字 / 罗文华 // 故宫博物院院刊.—2003,（3）.—32～42+93～94

2804 濒危的三家子满语 / 季永海 // 民族语文.—2003,（6）.—39～43

2805 关于阿尔泰诸语数词"一"及其相互关系 / 哈斯巴特尔 // 满语研究.—2003,（2）.—25～30

2806 黑河地区满语使用现状调查研究 / 郭孟秀 // 满语研究.—2003,（2）.—

82～88

2807 老满文研究/赵志强//满语研究.—2003,（2）.—31～38

2808 论满文翻译的可译性限度/吴雪娟//满语研究.—2003,（2）.—58～66

2809 论三家子满语口语使用的演变/郭孟秀//满语研究.—2003,（1）.—79～89

2810 满文的起源及其发展演变/李云霞//满语研究.—2003,（1）.—63～67

2811 满文字母音节音位两相论/于鹏翔，陆玉文//吉林师范大学学报（人文社会科学版）.—2003,（5）.—115～117

2812 满语地名音译中的语音对译问题/黄锡惠，王岸英//满语研究.—2003,（2）.—67～74

2813 满语文综论/阎立新//满族研究.—2003,（4）.—79～85

2814 满语与赫哲语之比较/赵志忠//满语研究.—2003,（2）.—47～52

2815 满族文字的异质文化影响（四）/黄锡惠//满语研究.—2003,（1）.—52～62

2816 乾隆朝"钦定新清语"（九）/张虹，程大鲲//满语研究.—2003,（1）.—33～40

2817 清代满文篆字的新资料——长春、呼和浩特、北京三地走访调查记/金毅//满语研究.—2003,（2）.—89～92

2818 三家子满语口语集合数词词缀-vεli考/戴光宇//满语研究.—2003,（1）.—41～45

2819 谈谈满语的京语（十四）/爱新觉罗·瀛生//满语研究.—2003,（1）.—5～14

2820 希尔达鲁莫日根（十三）/尤志贤//满语研究.—2003,（2）.—137～143

2821 初论满语元音屈折现象/哈斯巴特尔//满语研究.—2004,（2）.—11～16

2822 从接触到融合（上）——论满语文的衰落/季永海//满语研究.—2004,（1）.—24～34

2823 当代满族口头文学文本中保留的满语/汪立珍//满语研究.—2004,（2）.—128～132

2824 关于满式汉语——与赵杰先生商榷/季永海//民族语文.—2004,（5）.—43～49

2825 黑龙江省泰来县温得村满语调研报告/包联群//满语研究.—2004,（2）.—34～40

满学研究论文索引（下）

2826 论《红楼梦》子弟书对俗语的运用/姚颖//满族研究.—2004,（2).—44~50

2827 论清末满语的发展——兼评《满蒙汉三合教科书》/屈六生//满语研究.—2004,（2).—60~65

2828 满文元音词尾形体多样性研究/于鹏翔//吉林师范大学学报（人文社会科学版).—2004,（4).—98~102

2829 满语词汇在天津方言中的存留和演化/阿克占（战）·英民//中国民族古文字研究会第七次学术研讨会论文集.—2004.—40~41

2830 满语缩合词研究/胡增益//民族语文.—2004,（3).—38~46

2831 满族的语言文字/刘彦芳，梁六十三//中国民族报.—2004.4.23

2832 乾隆朝"钦定新清语"（十）/张虹，程大鲲，佟永功//满语研究.—2004,（2).—66~76

2833 清代满蒙翻译考略/巴根//满语研究.—2004,（1).—41~47

2834 三家子满汉语言文化接触与融合浅析/郭孟秀//黑龙江民族丛刊.—2004,（3).—78~81

2835 谈谈满语sembi、hendumbi、gisurembi三个"说"字的区别/王小虹//满语研究.—2004,（1).—12~16

2836 谈谈满语的京语（十五）第八部分 单词入句（五）下/爱新觉罗·瀛生//满语研究.—2004,（1).—5~11

2837 通古斯语中人称后缀之再研究/尹铁超//满语研究.—2004,（2).—100~102

2838 希尔达鲁莫日根（十四）/尤志贤//满语研究.—2004,（2).—133~139

2839 现代满语唇辅音和圆唇元音的交互作用/李兵//民族语文.—2004,（2).—1~12

2840 北方通古斯语"柱"与汉语"家"的语言人类学比较研究/唐戈，岳巍//满语研究.—2005,（1).—105~110

2841 词源文化视角下的"神"/哈斯巴特尔//满语研究.—2005,（1).—66~71

2842 从接触到融合——论满语文的衰落（下）/季永海//满语研究.—2005,（1).—49~55

2843 论满文翻译的历史与现状/吴雪娟//满语研究.—2005,（1).—56~61

2844 论满文翻译观/吴雪娟//满语研究.—2005,（2).—29~35

2845 满蒙汉谚语语义比较/高娃//满语研究.—2005,（1).—98~104

九、语言文字 17

2846 满一通古斯语言的最小韵律词/李兵//满语研究.—2005,(1).—32~38

2847 满文元音之汉字注音/江桥//满语研究.—2005,(1).—5~9

2848 满语词源二例研究/罗杰瑞,朱麟//满语研究.—2005,(2).—17~20

2849 满语的实词化/中岛干起//满语研究.—2005,(1).—15~18

2850 满语辅音c/j探源/哈斯巴特尔//满语研究.—2005,(2).—21~25

2851 满语复合名词的构词特点/敖特根其其格//满语研究.—2005,(2).—26~28

2852 满语判断标记词及其句法功能/唐均//满语研究.—2005,(1).—23~31

2853 蒙古语科尔沁土语中的满语借词考/波·索德//满语研究.—2005,(2).—41~45

2854 乾隆朝"钦定新清语"(十一)/张虹,程大鲲,佟永功//满语研究.—2005,(1).—41~48

2855 浅谈阿尔泰语系几个共同词/关忠保,陈潮华//满语研究.—2005,(1).—127~130

2856 日本学者汉满(女真)对音译音研究/李无未//延边大学学报(社会科学版).—2005,(2).—13~18

2857 三家子村满族语言文化调查/嵩克//满语研究.—2005,(2).—98

2858 试析满族亲属称谓/赵志忠//满语研究.—2005,(1).—83~86

2859 谈满语动词后缀ci/王小虹//满语研究.—2005,(1).—19~22

2860 希尔达鲁莫日根(十五)/尤志贤//满语研究.—2005,(2).—99~108

2861 与汉文"尔""勒"相对应的满语音素(位)的研究/孙明//吉林师范大学学报(人文社会科学版).—2005,(3).—98~100

2862 从满文创制到满文出版传播的滥觞/章宏伟//河南大学学报(社会科学版).—2006,(2).—151~157

2863 从名词复数后缀、格后缀的异同看满洲语与女真语的关系/爱新觉罗·乌拉熙春//满语研究.—2006,(2).—5~14

2864 从锡伯语20年变化看满语的音变走向/赵杰//西北第二民族学院学报(哲学社会科学版).—2006,(3).—5~9

2865 独特的拉林满族语言文化/唐瑞玲//满族研究.—2006,(4).—72~74

2866 关于北京旗人话对北京话的影响/季永海//民族语文.—2006,(3).—40~44

2867 关于清代官职beile"贝勒"词源/哈斯巴特尔//满语研究.—2006,

(2).—15～20

2868 康熙二十九年盛京包衣粮庄比丁册(二)/程大鲲,孙建冰//满语研究.—2006,(2).—41～48

2869 康熙二十九年盛京包衣粮庄比丁册(一)/程大鲲,孙建冰//满语研究.—2006,(1).—75～80

2870 论濒危语言——满语/胡艳霞//大连民族学院学报.—2006,(4).—54～57

2871 论汉语中的满语借词/季永海//满语研究.—2006,(1).—5～9

2872 论语义分析对确定同源词的作用——以蒙古语族和满—通古斯语族语言为例/敖特根其其格//满语研究.—2006,(2).—63～69

2873 满蒙谚语的现存应用、文献资料与研究/高娃//满语研究.—2006,(2).—70～75

2874 满文韵律诗与散文诗翻译比较研究/斯达理,严明//满语研究.—2006,(1).—122～128

2875 满语鄂伦春语名词比较研究——兼谈语言发展的普遍规律/季永海//中央民族大学学报.—2006,(6).—98～100

2876 满语副动词fi与pi浅析/赵令志//满语研究.—2006,(1).—33～35

2877 满语文与清史教学/邓天红//满语研究.—2006,(1).—50～55

2878 满族文字形体及其形成规律研究/于鹏翔//吉林师范大学学报（人文社会科学版).—2006,(1).—81～84

2879 民语翻译学术文章用词不规范问题探析/旺堆//满语研究.—2006,(2).—129～134

2880 浅论锡伯文与满文的传承及其出版/佟克力//满族研究.—2006,(4).—85～90

2881 清末一方官印中的满文篆字失误/王崇,王岸英,黄锡惠//北方文物.—2006,(3).—46～49

2882 通古斯语的动词完成时及其可见性意义/А.Л.Мальчуков,范丽君//满语研究.—2006,(1).—26～32

2883 希尔达鲁莫日根（十六）/尤志贤//满语研究.—2006,(2).—135～140

2884 濒危满语、赫哲语格、时形态探析/赵阿平,何学娟//满语研究.—2007,(2).—17～21

2885 关于满文辅音字母读音的探讨（上）/关辛秋//满语研究.—2007,(2).—

22～28

2886 康熙二十九年盛京包衣粮庄比丁册(三)/程大鲲,孙建冰//满语研究.—2007,(1).—37～41

2887 略论满语濒危过程/郭孟秀//满语研究.—2007,(2).—38～47

2888 论高宗对满蒙文词典的敕修及其在语言学方面的意义/春花//满语研究.—2007,(1).—42～48

2889 论满文字母的同音异相/于鹏翔//吉林师范大学学报（人文社会科学版).—2007,(1).—93～98

2890 论满语的akū——兼与锡伯语比较/赵志强//满语研究.—2007,(2).—5～10

2891 论满语语音及其研究/朝克//满语研究.—2007,(1).—5～12

2892 满语、赫哲语濒危原因对比探析/赵阿平,何学娟//满语研究.—2007,(1).—13～19

2893 满语、蒙古语名词复数的比较/姜根兄//西北第二民族学院学报（哲学社会科学版).—2007,(4).—36～40

2894 满语教学状况调查报告/王忠欢,王宪峰,曾雪峰,马冰心//满语研究.—2007,(2).—56～62

2895 满语借词与满族习俗变迁浅议/黄新亮//满语研究.—2007,(1).—49～55

2896 满族及其先世的语言文字/戴光宇//运城学院学报.—2007,(1).—46～48

2897 满族语言教育的成绩与问题/鲍明//辽宁大学出版社.—2007

2898 蒙、汉语中"父亲"称谓词词源理据比较/范丽君//满语研究.—2007,(1).—73～77

2899 蒙古语、突厥语和满—通古斯语第一人称代词比较/哈斯巴特尔//满语研究.—2007,(1).—20～29

2900 蒙古语中的满语借词考/长山//内蒙古民族大学学报（社会科学版).—2007,(6).—19～22

2901 山东青州满族村语言使用状况调查/杨萍//西北第二民族学院学报(哲学社会科学版).—2007,(1).—34～36

2902 盛京笃恭殿满蒙汉三语名称/李勤璞//满族研究.—2007,(1).—86～89

2903 识别满语中蒙古语借词的方法/长山//满语研究.—2007,(2).—29～32

满学研究论文索引（下）

2904 希尔达鲁莫日根（十七）/尤志贤//满语研究.—2007,（2）.—121～127

2905 语言转用之残余形式的活标本——北京市密云县檀营满族语言调查复议/丁石庆，梁婕//满语研究.—2007,（1）.—30～36

2906 《红楼梦》与铁岭方言/王福霞//满族研究.—2008,（1）.—85～88

2907 《乌布西奔妈妈》满语采记稿译注/戴光宇//满语研究.—2008,（1）.—83～88

2908 从《五体清文鉴》满语构词附加成分-tu看蒙古语对满语的影响/波·索德//内蒙古民族大学学报（社会科学版）.—2008,（6）.—39～41

2909 从满语中的汉语借词看满族文化变迁/黄新亮//黑龙江大学.—2008,（2）

2910 从清政府的满语保护政策及效果看少数民族语言保护问题/李自然//满族研究.—2008,（4）.—44～53

2911 大连图书馆馆藏满文《新约全书》考略/薛莲//满语研究.—2008,（1）.—68～71

2912 俄罗斯境内满—通古斯民族及其语言现状/杨衍春//满语研究.—2008,（1）.—95～100

2913 关于满文辅音字母读音的探讨（下）/关辛秋//满语研究.—2008,（1）.—15～19

2914 关于满文元音字母o和ū的读音/关辛秋//中央民族大学学报（哲学社会科学版）.—2008,（5）.—114～118

2915 康熙二十九年盛京包衣粮庄比丁册（四）/程大鲲，孙建冰//满语研究.—2008,（1）.—72～82

2916 康熙二十九年盛京包衣粮庄比丁册（五）/程大鲲，孙建冰//满语研究.—2008,（2）.—84～93

2917 老舍与"京腔京韵"——系列论文"满人的语言天分与老舍的烹炼琢磨"之三/关纪新//满族研究.—2008,（1）.—89～98

2918 论清代满蒙文"音序词典"的发展演变/春花//故宫博物院院刊.—2008,（4）.—75～88+159

2919 满语濒危原因探析/郭孟秀//满语研究.—2008,（2）.—30～36

2920 满语方位词dergi、wargi词源考证/长山，文化//满语研究.—2008,（2）.—18～22

2921 满语方位词词缀-la/-le/-lo探源/长山//满语研究.—2008,（1）.—

九、语言文字

20～23

2922 满语格词缀-de的语义及其翻译/邓晶//满语研究.—2008，(2).—15～17

2923 满语探索三题/季永海//满语研究.—2008，(2).—5～8

2924 满语研究二题:mandarin与cihakū/季永海//满语研究.—2008，(1).—5～7

2925 满语疑问标记分类及其功能研究/吴碧宇//满语研究.—2008，(2).—9～14

2926 女真语与满语的关系/哈斯巴特尔//满语研究.—2008，(2).—23～29

2927 浅谈东北方言中的满语成分/包婷婷//甘肃高师学报.—2008，(3).—6～7

2928 五大连池满语地名考释/吴雪娟//满语研究.—2008，(1).—8～14

2929 有关满语语音的几个问题/季永海//民族语文.—2008，(5).—68～71

2930 语义对应的可诠释性——以蒙古语族和满—通古斯语族语言为例/散特根其其格//满语研究.—2008，(1).—45～49

2931 驻防制度下语言社会功能的演化模式——檀营满族与察县锡伯族个案对比研究/梁婕//中央民族大学.—2008.3.23

2932 《元史》满文翻译和蒙古文翻译的学术意义/乌兰巴根//满语研究.—2009，(2).—71～80

2933 从广州"满洲话"谈八旗"军话"与现代汉语普通话的关系/沈林//满族研究.—2009，(2).—10～16

2934 从数词"一"词源谈阿尔泰语系语言比较方法/哈斯巴特尔//满语研究.—2009，(1).—30～37

2935 哈尔滨方言状态词缀的类型学特征——兼与周边的满语等语言对比/马彪//满语研究.—2009，(1).—38～43

2936 简论满语动词的体/赵志强//满语研究.—2009，(1).—5～12

2937 论满文谚语翻译中的关联缺失与重构/吴碧宇//大连民族学院学报.—2009，(6).—481～484

2938 满文档案句子解析拾零/季永海//满语研究.—2009，(2).—5～8

2939 满语第六元音研究/吴雪娟，尹铁超//满语研究.—2009，(2).—9～12

2940 满语颜色词fulgiyan词源探析/贾越//满语研究.—2009，(2).—19～24

2941 满语语气词研究/王敌非//满语研究.—2009，(2).—13～18

满学研究论文索引（下）

2942 蒙古语巴尔虎土语中的满语借词/波·索德//满语研究.—2009,（2）.—29～32

2943 蒙古语中满语借词ombolo及其相关问题探析/斯琴巴特尔//满语研究.—2009,（2）.—25～28

2944 乾隆帝对少数民族语译名规范化的关注/金鑫//满语研究.—2009,（2）.—33～46

2945 清代东北满语文的使用状况/张杰//满语研究.—2009,（2）.—124～128

2946 试论满文对蒙古族和达斡尔族文化的影响/吴依桑//满族研究.—2009,（3）.—55～58

2947 书面满语元音异常交替后缀的音系学解释/李兵//民族语文.—2009,（6）.—40～51

2948 子弟书称谓新探/李芳//满语研究.—2009,（2）.—116～123

2949 族称manju词源探析/长山//满语研究.—2009,（1）.—13～16

2950 《皇清职贡图》满语词汇分析/佟颖//满语研究.—2010,（1）.—29～36

2951 《满文老档》词汇探索二题/王敌非//满语研究.—2010,（2）.—31～34

2952 《满洲土语研究》与20世纪30年代的东北方言/李无未，冯炜//东疆学刊.—2010,（2）.—58～65

2953 《五体清文鉴》满语词汇特点/长山//满语研究.—2010,（1）.—25～28

2954 从波族语的消失看中国濒危语——满族语的保护/李素华//大学英语（学术版）.—2010,（1）.—63～65

2955 从满文发展的历史与现状谈保护与发展满文的意义/吴敏//满族研究.—2010,（2）.—62～65

2956 东北地区满语衰微原因简论/冯云英//满族研究.—2010,（3）.—90～93

2957 满语方位词词缀-si探源/长山//黑龙江民族丛刊.—2010,（4）.—154～156

2958 满语后置词研究/王敌非//黑龙江民族丛刊.—2010,（4）.—157～161

2959 满语教学的感悟/哈斯巴特尔//满语研究.—2010,（2）.—10～12

2960 满语口语dargi、vɛrgi来源探析/长山，熊南京//满语研究.—2010,（2）.—28～30

2961 满语口语学习之我见/何荣伟//满语研究.—2010,（2）.—20～24

2962 满语文教学悬谈——以中央民族大学为例/季永海//满语研究.—2010,（2）.—5～9

九、语言文字

2963 满语文教学思索——以黑龙江大学为例/吴雪娟//满语研究.—2010，(2).—13~19

2964 浅谈满语与东北方言的形成/刘国石//北华大学学报（社会科学版).—2010，(4).—48~51

2965 清代翻译科与满蒙翻译人才的兴起——兼论翻译的政治性/金卫国//天津职业院校联合学报.—2010，(1).—139~141

2966 清代民族语文翻译研究/乌云格日勒，宝玉柱//满语研究.—2010，(1).—81~86

2967 三家子满语中的汉语借词类型及其特点研究/胡艳霞，贾瑞光//大连民族学院学报.—2010，(4).—299~302

2968 遗留在岫岩地区中的满语成分/孙华//河北北方学院学报（社会科学版).—2010，(1).—39~40+44

2969 再论满语亲属称谓eme/波·索德//满语研究.—2010，(2).—25~27

2970 从满语的衰落看濒危语言的保护和文化多样性/翟全伟//科教导刊（中旬刊).—2011，(7).—196~197

2971 清代满文的文字特色及音韵、音变特点/赵杰//满族研究.—2011，(1).—7~12

2972 锡伯语与满语关系探源/李云霞//沈阳故宫博物院院刊.—2011.—223~230

2973 "眼叨"探源/任玉函//满语研究.—2012，(2).—52~54

2974 "满语假名"考/单援朝//日语学习与研究.—2012，(2).—70~77

2975 《红男绿女》满语借词研究/周江洲//云南大学.—2012，(10).—89

2976 《黄钟通韵》韵图的构造原理与音系解析/王为民，张楚//语言科学.—2012，(2).—173~183

2977 1760年乾隆皇帝《郊劳诗》满文本译注/党宝海//西部蒙古论坛.—2012，(4).—30~37+124

2978 车王府藏子弟书满语词研究/王美雨//绥化学院学报.—2012，(5).—130~132

2979 车王府藏子弟书满语词意义范畴研究/王美雨//芒种.—2012，(4).—129~130

2980 从《儿女英雄传》看道光、咸丰、同治时期北京话中的旗人语/高纯//现代语文（语言研究版).—2012，(8).—24~26

满学研究论文索引（下）

2981 从满汉对音角度看《黄钟通韵》中的倭母字/杨春宇，孟祥宇//现代语文（语言研究版）.—2012,（5）.—14～15

2982 从满语复数词缀的接加条件看满族先民文化遗迹/贾越//黑龙江民族丛刊.—2012,（4）.—151～155

2983 汉语中满语词汇的保存/张琢//文教资料.—2012,（13）.—32～33

2984 简析《儿女英雄传》中的满语语音语法/高亚军//北方语言论丛.—2012.—187～195

2985 渐行渐远的老北京话/陈效师//幸福（悦读）.—2012,（1）.—57

2986 辽宁通溪片语音研究/孟祥宇//辽宁师范大学.—2012.5.1

2987 略论清代满语译借汉语词汇语言学改造之特点/于慧，赵杰//民族翻译.—2012,（4）.—62～68

2988 论科尔沁土语亲属称谓eme:的词源/格根哈斯，波·索德//中央民族大学学报（哲学社会科学版）.—2012,（5）.—149～151

2989 论满语irgen/长山//满语研究.—2012,（1）.—26～29

2990 论满语中[r]与[l]的语音特征与区别特征/宗振华//北方语言论丛.—2012.—196～203

2991 论满语中的"lorin"一词/双山//满族研究.—2012,（1）.—97～98

2992 满汉合璧《西厢记》助动词研究/王欢欢//黑龙江大学.—2012.5.8

2993 满文外音dzi字的词头、词中形式研究/黄锡惠//满语研究.—2012,（2）.—5～10

2994 满译《左传》词语研究——以《郑伯克段于鄢》为例/王敌非//满语研究.—2012,（1）.—20～25

2995 满译藏传《佛说阿弥陀经》词语研究/韩旭//满语研究.—2012,（2）.—17～21

2996 满语:找回丢失的密码/李杨//看历史.—2012,（1）.—70～79

2997 满语的语音屈折构词和词族/戴光宇//满学论丛[第三辑]：辽宁民族出版社.—2012.—314～328

2998 满语地名"兴安"及其语义辨析/吴雪娟//满语研究.—2012,（2）.—11～16

2999 满语动词akū的语法化/长山//内蒙古民族大学学报（社会科学版）.—2012,（6）.—62～64

3000 满语动词bi的语法化/长山//民族语文.—2012,（3）.—72～74

九、语言文字

3001 满语动词jimbi和g enembi的语法化/长山//满语研究.—2012,（2）.—22～24

3002 满语动词词缀-bu的构词意义和使动意义——以《满洲实录》为例/哈斯巴特尔//满语研究.—2012,（1）.—5～11

3003 满语动词体研究/赵冰//满语研究.—2012,（2）.—25～28

3004 满语和蒙古语复合词的比较研究/策旺扎布//内蒙古大学.—2012,（1）.—127

3005 满语摹声词及其文化内涵/蔡中明，刘丽华//满族研究.—2012,（4）.—74～78

3006 满语情态动词语义研究/赵阿平//北方语言论丛.—2012.—59～67

3007 满语社会制度词语语义演变研究/韩晓梅//黑龙江大学.—2012.3.30

3008 满语衰微原因解析/薛洪波//通化师范学院学报.—2012,（1）.—11～13

3009 满语说唱"空古鲁哈哈济"词义探析/刘鹏朋//满族研究.—2012,（2）.—116～120

3010 满语同义连用现象研究——以《皇清职贡图》为例/佟颖//满语研究.—2012,（1）.—12～19

3011 满语文学翻译中语境的作用——以《尼山萨满》为例/鄂雅娜//满语研究.—2012,（2）.—105～109

3012 满语熊类词语与萨满教文化关系探析/张殿典//江苏大学学报（社会科学版）.—2012,（6）.—78～80

3013 满语疑问形式研究/张相君//黑龙江大学.—2012.3.20

3014 纳兰性德词的颜色词语研究/庞祖雪//陕西师范大学.—2012,（3）.—105

3015 浅析满语对东北方言与普通话的影响/苏婷//南昌教育学院学报.—2012,（6）.—49+51

3016 抢救濒危满语的辽宁对策/杨静维//满族研究.—2012,（1）.—53～57

3017 青州满族方言中的特殊语言现象/王镇，徐美红，王丽丽，王琴书//美与时代（下）.—2012,（9）.—113～114

3018 清代满语文教育与黑龙江地区的满语/长山//满族研究.—2012,（4）.—70～73

3019 清代满族与东北少数民族语言关系研究/胡艳霞//中央民族大学.—2012.3.1

满学研究论文索引（下）

3020 清代俗语语源札记/赵雨，赵隆生//兰台世界.—2012,（19).—58

3021 旺清门是满语地名吗/曹德全//中国地名.—2012,（5).—59

3022 新疆汉语方言中的满语词研究/欧阳伟//语言与翻译.—2012,（4).—11~13

3023 新疆满语衰变的历程研究/欧阳伟//满族研究.—2012,（3).—97~102

3024 新疆伊犁伊车嘎善锡伯语词汇与清代满语比较后的音变特点/赵杰//北方语言论丛.—2012.—11~28

3025 "律吕"与语言的结构——基于《黄钟通韵》的认知解构/王为民，范晓琴//黄河科技大学学报.—2013,（2).—96~101

3026 "清文鉴"类目名称用语考/江桥//满语研究.—2013,（2).—5~7

3027 《儿女英雄传》中的满语词汇研究/高亚军//现代语文（语言研究版).—2013,（4).—28~30

3028 《清语老乞大》版本考略/王敌非//伊犁师范学院学报（社会科学版).—2013,（4).—78~80

3029 《清语老乞大》满朝对音研究/王敌非//黑龙江民族丛刊.—2013,（6).—155~158

3030 《三国演义》满文翻译研究/秀云//中央民族大学.—2013.5.2

3031 《同文广汇全书》满语俗语研究/吴雪娟//满语研究.—2013,（2).—14~25

3032 北京话"儿化韵"的来历问题/耿振生//吉林大学社会科学学报.—2013,（2).—154~159+176

3033 北京话轻声探源/冯龙//北京大学.—2013.5.1

3034 车王府藏子弟书满语词语研究/王美雨//东方论坛.—2013,（1).—106~109

3035 从借词看满汉交流过程中的满族礼乐变迁/黄新亮，李桂香//边疆经济与文化.—2013,（1).—146~148

3036 从满语到锡伯语:传承境遇与思考/李云霞//满语研究.—2013,（2).—38~40

3037 汉语虚字研究对满语语法研究的影响/关辛秋//满语研究.—2013,（1).—61~64

3038 江户时代享保年间日本有关清朝及满语研究/楠木贤道，阿拉腾//满语研究.—2013,（1).—75~83

九、语言文字

3039 满汉结合词的词性分析——汉语文中的满语文借词/宗振华//金田.—2013,（6).—241

3040 满文和锡伯文的生存状态及保护/佟加·庆夫，关智胜，佟连庆//克拉玛依学刊.—2013,（4).—58~61

3041 满文训练进一步与史学研究相结合/曾江，郝欣//中国社会科学报.—2013.11.11

3042 满语"fergetun"的文化语义分析/魏巧燕//满族研究.—2013,（1).—80~84

3043 满语"locha"和"oros"的由来探析/时妍//西北民族研究.—2013,（1).—77~81

3044 满语giyai词源发微/王敌非//满语研究.—2013,（2).—26~29

3045 满语保护和发展的政策研究/栾福鑫//沈阳师范大学.—2013.6.1

3046 满语多义词研究/时妍//黑龙江大学.—2013.11.21

3047 满语酒类词语文化语义探析/尹鹏阁//满族研究.—2013,（1).—85~89

3048 满语人体称谓词语多义系统的隐喻转喻研究——以dere为例/刘婧怡//青春岁月.—2013,（24).—518

3049 满语谚语的文化内涵及其翻译/鄂雅娜//黑龙江民族丛刊.—2013,（1).—121~124

3050 满语增音n初探——以格助词为例/韩旭//满语研究.—2013,（2).—35~37

3051 满族经济形态变迁的词汇语义探析/时妍//黑龙江民族丛刊.—2013,（6).—149~154

3052 满族语言对东北地区方言的影响/马仁姣//黑龙江史志.—2013,（15).—271

3053 民族语言中的双语动词——北方少数民族社区语言中的蒙/满汉双语动词个案研究/包联群//民族语文.—2013,（4).—75~81

3054 浅析满语连词及所连接分句间的关系/张成//长春师范学院学报.—2013,（12).—197~201

3055 浅议少数民族文学典籍英译中宗教文化元素的翻译补偿——以《尼山萨满》英译为例/田春燕//大连民族学院学报.—2013,（6).—650~653

3056 清代汉语"见"组字声母特点——从满语中的汉语借词谈起/于慧，赵杰//满语研究.—2013,（2).—59~61

满学研究论文索引（下）

3057 清代满语文及其历史影响研究/戴克良//东北师范大学.—2013,（5）.—239

3058 清代旗人漢語的滿語干擾特徵初探——以《清文啓蒙》等三種兼漢滿語會話教材爲研究的中心/祖生利//历史语言学研究.—2013.—187～227

3059 清太祖名讳汉字写法考论/张佳生//大连民族学院学报.—2013,（2）.—119～121+126

3060 试析满语亲属称谓/哈申格日乐//满族研究.—2013,（4）.—87～93

3061 试议《春阿氏》所反映的清末民初北京话中"把/将"字句的消长/李杰//汉字文化.—2013,（5）.—39～44

3062 谈八思巴文与满文的衰落/李娜//西部蒙古论坛.—2013,（4）.—35～39+127

3063 通古斯诸语中的bugada/朝克//民族语文.—2013,（6）.—71～72

3064 土著少数民族语言对汉语方言的影响及成因分析——以吉林省辽源地区满语为例/程芳，关畅//三峡论坛（三峡文学.理论版）.—2013,（5）.—119～122

3065 析满文中满汉合成词的影响/完颜雯洁//语文学刊.—2013,（7）.—78～79+96

3066 现代满语大五家子方言动词重音分布的声学分析/李兵，胡伟//南开语言学刊.—2013,（2）.—62～73

3067 中国少数民族文化典籍英译研究——以满族说部之创世神话《天宫大战》英译为例/刘艳杰//大连民族学院学报.—2013,（4）.—377～379+390

3068 清代审理哈密和吐鲁番回人案件的两份满文题本译释/达力扎布//中国边疆民族研究.—2014.—92～128+381

十、文化与文化交流

（一）文化概述

3069 满族文化的来源及其对祖国的贡献/金启孮//学习与探索.—1979,（4).—122～129

3070 老舍创作个性中的满族素质/关纪新//社会科学战线.—1984,（4).—283～287

3071 清初北京满族诗人作品中的民俗美/张菊玲//满族研究.—1986,（1).—60～63

3072 通古斯-满语与文化（二）/赵振才//满语研究.—1986,（2).—64～73

3073 从家谱中探讨满族文化的发展——满族家谱研究之一/李林//满族研究.—1987,（4).—64～70

3074 满族入关和汉族文化的影响/左步青//故宫博物院院刊.—1987,（3).—3～14

3075 试论皇太极对满族文化习俗的改革/温乐群//历史教学.—1987,（9).—15～17

3076 通古斯一满语与文化（三）/赵振才//满语研究.—1987,（1).—74～80

3077 论满族留守型文化的特点及其影响/赵展//中央民族学院学报.—1988,（3).—3～9

3078 产生《红楼梦》的满族文化氛围/张菊玲//民族文学研究.—1989,（2).—3～10

3079 满族的文化类型及其演进/赵展//满族研究.—1989,（3).—3～11

3080 满族萨满教信仰中的多重文化成分/刘小萌//中国社会科学院研究生院学报.—1989,（3).—68～74

3081 通古斯-满语与文化（五）/赵振才//满语研究.—1989,（1).—80～95

3082 不要再用"满清"这个称谓/茨感//满族研究.—1990,（1).—11

3083 关于如何评论满族文化特征之我见/何晓芳//满族研究.—1990,（3).—32～37

3084 宁安、阿城满族神话、传说的文化背景比较/郭崇林//黑龙江民族丛刊.—1990,（2).—96～99

3085 通古斯一满语与文化（六）/赵振才//满语研究.—1990,（1).—86～102

3086 皇太极时期满族对汉文化的吸收/玛纳//黑河学刊.—1991,（3).—106～113+19

满学研究论文索引（下）

3087 满族古文化遗存探考／郭淑云／／满族研究．—1991，（3）．—38～45

3088 通古斯—满语与文化（七）／赵振才／／满语研究．—1991，（1）．—84～98

3089 从满族传统观念的转变看汉文化的响影／刘志扬／／民族研究．—1992，（6）．—83～91

3090 从满族骑射看政治经济文化对体育的影响／刘雪松／／哈尔滨体育学院学报．—1992，（1）．—69～72

3091 清前期满族文化发展的趋势／孙文良／／满学研究（第一辑）：吉林文史出版社．—1992.7．—189～203

3092 清政府建立后汉文化对满族文化的影响／刘志扬／／黑龙江民族丛刊．—1992，（4）．—83～87

3093 通古斯—满语与文化（八）／赵振才／／满语研究．—1992，（1）．—90～103

3094 从吉林他塔拉氏看清代后期汉族宗族文化对满族的影响／何溥滢／／中央民族学院学报．—1993，（3）．—48～55

3095 关于满族的鸟文化／汪丽珍／／中央民族学院学报．—1993，（2）．—62～66+79

3096 满族他塔拉氏家谱中的汉文化因素／何溥滢／／满族研究．—1993，（1）．—46～51

3097 民族文化揉合的奇葩——浅议满族餐厅装饰艺术风格及其成因／徐悦／／东疆学刊．—1993，（4）．—65～66

3098 论满族入关前的文化发展对满族作家文学的影响／张佳生／／满族研究．—1994，（1）．—68～77

3099 满族和北京话——论三百年来满汉文化交融／张菊玲／／文艺争鸣．—1994，（1）．—72～80

3100 满族饮食文化／黎艳平／／满语研究．—1994，（2）．—78～82

3101 满族肇兴时期所受蒙古文化的影响／刘小萌／／社会科学战线．—1994，（6）．—169～175

3102 汉官范文程对清初满族吸收汉文化的促进作用／知光／／黑龙江民族丛刊．—1995，（4）．—70～74

3103 论入关前后满族文化的形成与演变／李陆华／／北方文物．—1995，（4）．—84～87

3104 论清入关前满族宫廷文化／支运亭，王佩环／／社会科学辑刊．—1995，（6）．—84～90

十、文化与文化交流

3105 清代东北满族文化教育简论/张杰//满族研究.—1995,(2).—30~32

3106 清军人关与满族的政治思想文化/王钟翰//社会科学辑刊.—1995,(1).—98~102

3107 试论清代满族文化发展的特点及历史地位/邓天红//社会科学辑刊.—1995,(3).—109~113

3108 论满汉文化交融与蒙古族音乐的相对独立发展/赵毅//满族研究.—1996,(2).—91~94

3109 满—通古斯语言与萨满文化论略/嵩克//满语研究.—1996,(2).—94

3110 满族文化的形成发展与特色/张佳生//中央民族大学学报.—1996,(6).—77~82

3111 满族形成时期的二元文化特质与清的统一/林乾//民族研究.—1996,(3).—93~101

3112 清代满族服饰文化发展的主要特点/邓天红//北方论丛.—1996,(5).—104~107

3113 从乾隆时期满族文化传统的迅速转变看汉文化的影响/成积春//齐鲁学刊.—1997,(4).—120~124

3114 从清前期皇宫建筑艺术风格看满族文化的发展趋势/支运亭//清史研究.—1997,(3).—61~67+76

3115 达斡尔族姓氏与满汉文化/丁石庆//满族研究.—1997,(3).—91~96

3116 加强民族传统文化研究在民族学中的意义——兼谈满族传统文化发展变化的特点/张佳生//民族学研究第十二辑:民族出版社.—1997.—269~277

3117 辽宁满族文化研究断想/孟祥林//民族艺术.—1997,(2).—62~66

3118 论满族形成时期的文化结构/胡凡//清史研究.—1997,(1).—18~27

3119 满—通古斯语言与萨满文化(一)/赵阿平//满语研究.—1997,(1).—29~35

3120 清代满族作家文学中的"长白山情结"/关纪新//民族文学研究.—1997,(3).—72~75

3121 试论满族早期二元文化特质/李自然//满族研究.—1997,(3).—60~67

3122 满——通古斯语言与萨满文化(二)/赵阿平,王坚//满语研究.—1998,(1).—33~39

3123 满—通古斯语言与萨满文化(三)/赵阿平//满语研究.—1998,(2).—18~22

满学研究论文索引（下）

3124 满族萨满文化中的萨满与鹰/汪丽珍//民族文学研究.—1998,（1).—15~18

3125 清初满族文化中的蒙古文学传统/冈田英弘,李勤璞//满语研究.—1998,（1).—50~56

3126 满一通古斯语言与萨满文化（四)/赵阿平,穆晓伟//满语研究.—1999,（2).—22~31

3127 满族的早期文化/周俊仪//黑龙江民族丛刊.—1999,（1)

3128 满族文化总论/张佳生//满族研究.—1999,（3).—12~29

3129 努尔哈赤时期满族文化与教育探略/杜家骥//满族研究.—1999,（1).—33~35

3130 盛京皇宫继思斋的建筑特色与文化内涵/王成民//满族研究.—1999,（2).—87~90

3131 马加创作个性中的满族文化特质/白长青//民族文学研究.—2000,（3).—59~63

3132 满族生活性文化特征探论/张雷军//社会科学辑刊.—2000,（2).—110~114

3133 满族说部:一宗亟待抢救的民族文学遗产/王宏刚,苑利//民族文学研究.—2000,（2).—46~49

3134 清代满族文论及其时代文化特征/王雪菊,高磊,王明志//满语研究.—2000,（1).—77~82

3135 《红楼梦》与满语言文化刍议/刘厚生//清史研究.—2001,（4).—68~73

3136 21世纪满一通古斯语言文化研究的新发展/赵阿平,杨惠滨//满语研究.—2001,（2).—3~11

3137 拉林阿勒楚喀地区的满族民间文化活动/伊葵力,王禹浪//满族研究.—2001,（2).—80~85

3138 论满族文化规范社会群体行为的功能/张雷军//云南社会科学.—2001,（4).—69~73

3139 试论皇太极对满汉文化的态度/张丽梅//满族研究.—2001,（4).—30~34

3140 试论满族饮食文化的发展/李学诚//辽宁广播电视大学学报.—2001,（2).—39~40

十、文化与文化交流

3141 长白山满族人参文化与满族剪纸/刘玉民//满族研究.—2002，(4).—79~82+2~97

3142 从黑龙江省民族博物馆展示的民族文物看北方少数民族生产、生活的文化底蕴/孟祥义，曲守成//满语研究.—2002，(2).—106~109

3143 论满族文化调节个体心理及行为的功能/张雷军//云南社会科学.—2002，(3).—48~52

3144 马加创作个性中的满族文化特质/白长青//丹东师专学报.—2002，(2).—5~7+4

3145 马加创作个性中的满族文化特质/白长青//满族研究.—2002，(1).—64~69

3146 满族的饮食文化/刘颖//草原税务.—2002，(2).—31~32

3147 满族谱牒文化与长白山渊源/杨子忱//学问.—2002，(9).—7~9

3148 民族生活文化的以物寓意——以满族生活文化为个案/张雷军//创造.—2002，(12).—44~45

3149 明季清初西方文化对满族文化的影响探微/杨惠滨//满语研究.—2002，(1).—69~72

3150 浅谈汉文化对满族语言文化兴衰的影响/张丹//黑龙江史志.—2002，(2).—41~42

3151 试论满族传统饮食文化对中华饮食文化的贡献/李自然//满族研究.—2002，(4).—73~78

3152 中国是世界萨满教文化圈的中心/赵志忠//满族研究.—2002，(4).—48~53

3153 论清初统治者吸收汉族文化的途径/沈一民//满族研究.—2003，(1).—63~65

3154 满语言文化与萨满文化是满学研究的两大基石/刘厚生//满族研究.—2003，(3).—1~8

3155 满族文化研究百年（上）/张佳生//满语研究.—2003，(1).—96~100

3156 满族文化研究百年（下）/张佳生//满语研究.—2003，(2).—100~107

3157 满族文化绽新蕾/刘贵富，秦玥//吉林日报.—200312.25

3158 满族饮食文化历史探析/王建中//世纪桥.—2003，(6).—58~60

3159 文化圈理论与萨满教文化圈/唐戈//满语研究.—2003，(2).—132~136

3160 鸭绿江:满族文化的历史见证/尚海//中国民族报.—2003.4.29

满学研究论文索引（下）

3161 "首崇满洲"与《红楼梦》文化批评的叛逆性/曹萌//满族研究.—2004,（3).—50～58

3162 略论老舍作品中的满族文化气质/马国栋//满族研究.—2004,（1).—44～48

3163 论清前期皇宫经典建筑成就及其文化内涵/王成民//满族研究.—2004,（3).—64～70

3164 满族说部一宗亟待抢救的民族文化遗产/苑利//中国社会科学院院报.—2004.4.20

3165 满族文化模式/鲍明//中央民族大学.—2004.5.1

3166 满族饮食文化的形成与发展/刘明新,李自然//中央民族大学学报.—2004,（4).—68～73

3167 明代女真文化向满族文化的转型刍议/栾凡//东北史地.—2004,（9).—55～60

3168 萨满教与东北民间文化/阎秋红//满族研究.—2004,（2).—56～59

3169 萨满文化中的冲绳与满族女性像比较研究/杨红//萨满文化辩证——国际萨满学会第七次学术讨论会论文集：大众文艺出版社.—2004.—546～566

3170 探寻满族文化的发展轨迹/赵展//满语研究.—2004,（2).—17～26

3171 拯救满族的"嘎达梅林"/郑立华//中国商报.—2004.9.7

3172 中国满一通古斯语言文化研究及发展/赵阿平//满语研究.—2004,（2).—5～10

3173 从《大义觉迷录》看清世宗之文化本位观——兼论有清一代之历史地位及士人之境遇/邸永君//满族研究.—2005,（2).—63～69

3174 对辽宁满族文化旅游开发问题的探讨/马鹤丹,时秀云//辽宁师范大学学报.—2005,（1).—43～45

3175 对满族民俗旅游中社区参与问题的思考/冯丹,苏小燕//辽宁教育行政学院学报.—2005,（11).—27～28

3176 技术美:满族服饰文化的一个审美意向/倪钢//美与时代.—2005,（6).—40～42

3177 辽沈地区满族文化资源分布描述/高玉侠//沈阳师范大学学报（社会科学版).—2005,（2).—41～44

3178 满一通古斯民族文物的文化特色/孟祥义//满语研究.—2005,（2).—61～67

十、文化与文化交流

3179 满族"食"的特色/杨锡春//黑龙江日报.—2005.10.31

3180 满族传统"说部"：讲述先人的故事/俞灵，赵志研//中国民族报.—2005.7.22

3181 满族传统舞蹈中的游牧文化积淀/李顺阳//吉林艺术学院学报.—2005,（1）.—25～27

3182 满族的鹰文化/于学斌//哈尔滨学院学报.—2005,（11）.—6～10

3183 满族崛起所体现的民族国家发展意义与当代满族文化研究方略/曹萌//沈阳师范大学学报（社会科学版）.—2005,（2）.—29～32

3184 满族文化与风俗的生动展示/杨春风，孟凌云//吉林日报.—2005.3.17

3185 满族饮食文化初探/冷传平//吉林师范大学学报（人文社会科学版）.—2005,（6）.—73～75

3186 蒙古文化对满族文化的影响/孙希武，黄飞//辽宁教育行政学院学报.—2005,（6）.—63～64

3187 明遗民与清初满汉文化的整合/孔定芳//故宫博物院院刊.—2005,（4）.—110～124+159

3188 浅议满族的文化/靳红曼//黑龙江史志.—2005,（6）.—47

3189 清代达斡尔族书面文学语言与满族文化/丁石庆//满族研究.—2005,（4）.—70～76

3190 清文化与满族精神——纪念满族入关360周年/张杰//满族研究.—2005,（1）.—27～33

3191 探寻满族文化发展的轨迹/赵展//中央民族大学学报.—2005,（1）.—49～60

3192 通古斯萨满教的文化史价值（一）/王宏刚//满语研究.—2005,（2）.—51～60

3193 巫史文化生成的原生形态诸问题考察——兼及萨满文化起源问题/张碧波//满语研究.—2005,（2）.—46～50

3194 《柳边纪略》中的东北边疆满族文化/董灵芝//边疆经济与文化.—2006,（8）.—103～104

3195 北方民族的桦树皮文化：历史学考古学民族学的会通/于学斌//满语研究.—2006,（1）.—113～121

3196 从《红楼梦》中服饰描写看满族服饰文化/朱华//辽宁丝绸.—2006,（3）.—28～30+39

满学研究论文索引（下）

3197 抚顺的满族秧歌保护/李晓泉//中国文物报.—2006.9.8

3198 黑龙江省满族文化旅游开发探析/张丽梅//满语研究.—2006,（2）.—114~118

3199 激情演绎满族古老的历史与文化/杨剑龙//文学报.—2006.4.20

3200 解读满族服饰习俗的文化内涵/刘明新//中央民族大学学报.—2006,（5）.—124~129

3201 论满族说部中的历史文化遗存/吕萍//黑龙江民族丛刊.—2006,（6）.—94~98

3202 满族入关前物质文化特征/郭孟秀//满语研究.—2006,（1）.—89~97

3203 满族说部与人类口头非物质文化遗产/周惠泉//中华读书报.—2006.4.26

3204 满族习俗中的民族文化/张帆//满族研究.—2006,（2）.—77~80

3205 清代满族文化浅谈/杜晶//东北史地.—2006,（4）.—53~54

3206 通古斯萨满教的文化史价值（二）/王宏刚//满语研究.—2006,（1）.—81~88

3207 通古斯萨满教的文化史价值（三）/王宏刚//满语研究.—2006,（2）.—107~113

3208 由清代满族特性想到民族文化与外来文化关系/冯尔康//东北史地.—2006,（4）.—18~19

3209 "满族说部"调查（二）/富育光//社会科学战线.—2007,（4）.—130~140

3210 《红楼梦》作者的女性观与满族文化习俗/李爽，陶广学//沈阳师范大学学报（社会科学版）.—2007,（3）.—68~71

3211 保护抢救满族文化/王付友//吉林日报.—2007.3.7

3212 长白山区满族历史文化研究述评/刘彦臣，谷芃//通化师范学院学报.—2007,（9）.—4~6+9

3213 成都市满族蒙古族历史文化变迁/张利//满族研究.—2007,（3）.—90~96

3214 传衍 嬗变 融合——满族文化对北京文化的影响/祝萍//贵州民族研究.—2007,（6）.—73~76

3215 从东北地区汉族民居与满族民居的共性看建筑文化的生命特征/李天骄，王亮//第十五届中国民居学术会议论文集.—2007.7.—316

十、文化与文化交流

3216 东北亚萨满文化产生的心理机制解析/张瑞生//满语研究.—2007，(2).—84~89

3217 弘扬民族文化 促进经济社会和谐发展——对传承满族文化的思考与建议/曹宏伟//内蒙古统战理论研究.—2007，(1).—32~33

3218 皇太极的文化贡献:巩固满文化与吸收汉文化/曹萌//焦作大学学报.—2007，(1).—46~50

3219 辽宁省满族民俗文化旅游开发研究/崔广彬，郑岩//满族研究.—2007，(1).—31~38

3220 论清朝之满族饮食文化/刘乐乐，张美娟//齐齐哈尔师范高等专科学校学报.—2007，(5).—96~97

3221 满族传统说唱艺术"说部"的重现——以对富育光等"知识型"传承人的调查为基础/高荷红//民族文学研究.—2007，(2).—99~104

3222 满族传统体育文化特性及其现代转型研究/胡艳霞，贾瑞光//体育科技文献通报.—2007，(7).—61~62+66

3223 满族传统体育文化特征探析/胡艳霞，高扬樊，红岩//北京城市学院学报.—2007，(3).—72~74+67

3224 满族的饮食文化对北京地区的影响/张秀荣//北京历史文化研究:北京燕山出版社.—2007.—79~88

3225 满族对北京的文化奉献/关纪新//北京社会科学.—2007，(3).—83~92

3226 满族说部的传承与保护/富育光//社会科学战线.—2007，(5).—110~116

3227 满族说部与人类口传文化/周惠泉//社会科学战线.—2007，(4).—141~145

3228 满族文化在中华民族大文化中的历史地位/刘厚生//大连民族学院学报.—2007，(4).—5~6

3229 入关后满族物质文化的变迁/郭孟秀//满语研究.—2007，(1).—84~89

3230 萨满信仰的文化学诠释/景超，景体渭//满族研究.—2007，(4).—105~110

3231 试论满族文化的产生与发展及对东北亚的影响/韩雪峰//吉林工程技术师范学院学报.—2007，(10).—11~13

3232 "八旗子弟"解读/赵志忠//满族研究.—2008，(2).—52~56

3233 《红楼梦》中的满族文化研究/修伟//延边大学.—2008.5.23

满学研究论文索引（下）

3234 东北地域与满族文化/施立学//东北史地.—2008,（2）.—91～94

3235 东北方言中的满族文化色彩摭谈/孙旭东//时代文学（下半月）.—2008,（6）.—51

3236 东北满族民居的文化涵化研究/卢迪//哈尔滨工业大学.—2008.6.1

3237 高句丽萨满文化研究/张碧波//满语研究.—2008,（1）.—106～113

3238 皇太极时期满族对汉文化的吸收/史革新//河北学刊.—2008,（6）.—58～64

3239 老舍幽默的满族文化调式/关纪新//盐城师范学院学报（人文社会科学版）.—2008,（1）.—43～51

3240 辽海讲坛第二十三讲 满族文化与《红楼梦》/曹萌//辽宁省社会科学普及系列丛书4——辽海讲坛·第二辑（文学卷）：辽宁教育出版社.—2008.6.—301～314

3241 辽宁满族民居在当今新城镇建设和规划中的继承/王玉，满意//大众文艺（理论）.—2008,（10）.—129～130

3242 辽宁满族民俗旅游资源的深度开发初探/李飞//辽宁行政学院学报.—2008,（6）.—120～121

3243 论东北地区的满族风俗旅游/罗明明//现代经济信息.—2008,（4）.—244

3244 论满族文化与金源文化的关系/王久宇//满语研究.—2008,（2）.—122～125

3245 论满族姓名的文化价值/马竞淏//黑龙江大学.—2008.5.10

3246 满汉文化交融视野下的《红楼梦》研究/白燕//山东大学.—2008.4.20

3247 满汉文化融合中的传播与交流/华淑蕊//吉林大学.—2008.4.10

3248 满语文献保护开发与历史文化综合研究/赵阿平//满族研究.—2008,（4）.—37～43

3249 满族传统体育文化旅游资源开发研究/王明霞，宁鸿博，魏文娟//满族研究.—2008,（2）.—17～20

3250 满族服饰文化变迁研究/曾慧//中央民族大学.—2008.4.26

3251 满族美食旅游在沈阳的发展策略/王蒙//黑龙江对外经贸.—2008,（11）.—108～109

3252 满族说部历史上的传承圈研究/高荷红//社会科学战线.—2008,（7）.—149～154

十、文化与文化交流

3253 满族文化保护现状及存在问题分析/胡志良，张广才，篮海//商业经济.—2008，(5).—6~7

3254 满族饮食文化研究/包玉坤//吉林大学.—2008.4.1

3255 密云"满城"建置及其旅游资源开发述论/朱永杰//北京联合大学学报(人文社会科学版).—2008，(4).—85~89

3256 浅谈满族文化对萨满舞蹈形成与影响/关冠//戏剧文学.—2008，(11).—61~62

3257 清代达斡尔语言与满汉文化/丁石庆//满族研究.—2008，(2).—65~70

3258 清末民初北京报纸与京旗小说的格局/刘大先//满族研究.—2008，(2).—103~111

3259 网络传媒对当代满族文化传承的影响/李金涛//云南行政学院学报.—2008，(6).—91~93

3260 我的家族与"满族说部"/赵东升//社会科学战线.—2008，(2).—158~168

3261 我国辽东地区满族传统体育文化研究/张晓军//世纪桥.—2008，(8).—155~156

3262 《冰嬉图》中满族传统体育文化意蕴的解读/齐震//沈阳体育学院学报.—2009，(4).—118~121

3263 东海女真文化的认知人类学阐释——以满族萨满史诗《乌布西奔妈妈》为例/江帆//满族研究.—2009，(4).—87~95

3264 汉族地区少数民族非物质文化遗产的保护与传承——以辽宁北票地区满族为例/王富秋//黑龙江民族丛刊.—2009，(5).—158~162

3265 解析萨满文化对思维和心理的作用/张思宁//满族研究.—2009，(1).—68~72

3266 辽宁满族文化资源现状及开发对策研究/李世举//大连民族学院学报.—2009，(2).—97~100

3267 满族传统体育的社会文化功能变迁分析/孙美璞，张岚岚//满族研究.—2009，(3).—77~81

3268 满族服饰文化的变迁（上）/曾慧//辽东学院学报（社会科学版）.—2009，(4).—98~105

3269 满族服饰文化的变迁（中）/曾慧//辽东学院学报（社会科学版）.—2009，(5).—122~127

满学研究论文索引（下）

3270 满族说部的非物质文化遗产性/曹保明//文艺争鸣.—2009，(11).—119~121

3271 满族文化的窗口/赵硕昱，唐如蜜//四平日报.—2009.5.25

3272 满族音乐文化走向融合与衰落的社会学视角研究——满族音乐文化的社会运动轨迹探究/孙铭悦//乐府新声（沈阳音乐学院学报）.—2009，(2).—220~225

3273 密云清代满城发展及其文化资源保护利用/朱永杰，韩光辉//满族研究.—2009，(1).—22~26

3274 浅析东北地区满族传统色彩的继承与应用/唐国益//消费导刊.—2009，(8).—226

3275 清代"达呼尔文"与达斡尔族的满族文化认同/丁石庆，郭蕊//满族研究.—2009，(4).—84~86

3276 萨满文化对满族民居的影响/王术晶//东北师范大学.—2009.4.1

3277 萨满文化对满族人居住环境的影响/刘破浪，吴倩//时代文学（下半月）.—2009，(4).—161~162

3278 盛京文化——沈阳历史文化名城的根基/王成民//满族研究.—2009，(2).—44~49

3279 试论满族文化的生成/郭孟秀//满语研究.—2009，(2).—104~109

3280 试析满族习俗文化在满族社会中的功用/刘明新//满族研究.—2009，(1).—91~95

3281 五常营城子村京旗满族文化调查/韩旭，吕浩月，宋冰//满语研究.—2009，(2).—110~115

3282 行走在消逝中——十家村满族守陵人后裔文化适应与认同危机/陈思涵//兰州大学.—2009.4.1

3283 岫岩满族的语言与文化/孙华//渤海大学学报（哲学社会科学版）.—2009，(2).—153~156

3284 依兰古城历史文化内涵探析——满族先世发祥地"鞑朵里"释义/赵阿平//满族研究.—2009，(4).—48~50

3285 遗留在辽宁岫岩满族自治县的满语言与文化/孙华//乌鲁木齐成人教育学院学报.—2009，(1).—46~49

3286 中华文化视野下满族文化的继承与发展问题研究/张阔//西北民族大学.—2009.5.1

十、文化与文化交流 41

3287 保护传承满族历史文化/刘廷艳//协商新报.—2010.5.18

3288 从沈阳故宫宫殿建筑看满汉文化的交融/栾晔,李理//沈阳建筑大学学报（社会科学版).—2010,（2).—166～171

3289 从战略高度认识满族历史文化资源/明继学//黑龙江经济报.—2010.6.8

3290 待开发的桓仁满族旅游文化资源/李学成//满族研究.—2010,（1).—59～61

3291 东北满族民俗文化资源的开发与利用/刘维维//齐齐哈尔师范高等专科学校学报.—2010,（3).—101～102

3292 关于北京满族文化研究的几点思考/苑杰//满族研究.—2010,（2).—48～52

3293 理性与非理性的交锋——西方关于萨满教的话语转型/马惠娟//满语研究.—2010,（2).—131～137

3294 辽宁地域满族传统体育文化的多元化研究/蒲玉宾,胡彪,姜娟//搏击（武术科学).—2010,（1).—79～81

3295 辽宁满族传统体育文化特性研究/韩景军//满族研究.—2010,（4).—57～59

3296 辽宁清前满族文化品牌打造研究/孟月明,窦杰//满族研究.—2010,（1).—54～58

3297 论满族舞蹈文化的保护与传承/李诺//乐府新声（沈阳音乐学院学报).—2010,（1).—234～236

3298 满族传统文化变迁情况调查/何晓薇//满族研究.—2010,（4).—60～64

3299 满族服饰文化的变迁（下)/曾慧//辽东学院学报（社会科学版).—2010,（1).—142～148+153

3300 满族及其先民的传统传播方式/汤景泰//西南民族大学学报（人文社科版).—2010,（2).—122～126

3301 满族生态与民俗文化/江帆//辽宁省哲学社会科学获奖成果汇编[2007-2008年度]；辽宁大学出版社.—2010.12.—303～306

3302 满族文化传播产业化发展探析/吴勃//满族研究.—2010,（2).—53～56

3303 满族文化生活考/曾凡伟//戏剧之家（上半月).—2010,（5).—91

3304 满族文化遗产的基本特征及其旅游深度开发/张丽//北方经贸.—2010,（3).—119～121

满学研究论文索引（下）

3305 满族文化遗产的基本特征及其旅游深度开发/张丽//满族研究.—2010,（1).—50~53

3306 满族语言与物质经济文化/赵阿平//黑龙江社会科学.—2010,（4).—105~111

3307 清代东北满族区域文化述论/张杰//清代政治制度与民族文化学术研讨会论文集.—2010.—67~74

3308 让满族文化走向世界/高义海，关志伟，高峰，李凤英//人民政协报.—2010.10.12

3309 试论满族共同体形成初期的文化多元成分/郭孟秀//满语研究.—2010,（2).—105~110

3310 试论满族休闲文化的价值/赵红伟，王婷婷//改革与开放.—2010,（16).—191

3311 试析清代东北流人文化的内涵/廖晓晴//满族研究.—2010,（3).—43~48

3312 守护说部/高菲//吉林日报.—2010.12.17

3313 谈满族家谱研究与民族历史文化知识教育的关系/沈林,沈延林//满族研究.—2010,（4).—31~36

3314 挖掘满族历史 抢救满族文化/明继学//黑龙江日报.—2010.10.18

3315 走进满族历史长廊/兆财//吉林日报.—2010.3.23

3316 当代东北地区满族传统文化变迁现状及发展趋势分析/于海峰//科技信息.—2011,（13).—417~419

3317 当代满族传统文化"趋同化"变迁的认识和思考/于海峰//理论界.—2011,（5).—143~145

3318 论黑龙江满族文化资源的保护挖掘与利用/邓天红，张丽//学术交流.—2011,（5).—192~194

3319 满族及其先世文化与汉文化的融合——以吉林省内的考古遗存为中心/王丽萍，张丽晶//东北史地.—2011,（2).—50~52

3320 满族文化在现代酒店品牌设计上的应用与研究/聂鑫//现代商业.—2011,（20).—278

3321 牡丹江市流域满族萨满文化旅游开发及其生态化发展研究/周波//中国集体经济.—2011,（15).—143~144

3322 清代满族八旗骑射文化的崛起与流变/唐云松//哈尔滨体育学院学

十、文化与文化交流

报.—2011,（3）.—22～25

3323 沈阳故宫与满族民俗文化/韩春艳//多维视野下的清宫史研究——第十届清宫史学术研讨会论文集：现代出版社.—2013.1.—401～417

3324 在鹰屯放鹰/曹保明//中国民族报.—2011.1.14

3325 "五化"背景下满族传统文化传承与发展探析/吴勃//满族研究.—2012,（4）.—46～52

3326 长白山文化是满学之源/刘厚生//长春日报.—2012.7.12

3327 传承满族舞蹈及弘扬吉林文化/宫龙丹//大众文艺.—2012,（19）.—177

3328 从北京鬃人谈北京满族基于中华古典文化的再创造/侯百川//2012年中国艺术人类学年会暨国际学术研讨会论文集（第三部分）.—2012.—446～448

3329 从满族传统服饰变迁看满族文化观/王忠欢//黑龙江大学.—2012.5.5

3330 从沈阳故宫建筑看满族文化走向/罗世平//沈阳故宫博物院院刊.—2012.—40～49

3331 繁荣发展中的满族文化/林荣耀//协商新报.—201210.23

3332 符号视角下满族传统体育非物质文化遗产保护与文化传承/曲洪刚//时代文学（下半月）.—2012,（12）.—206～207

3333 吉林九台满族萨满文化调查与思考/许淑杰，于鹏翔//吉林师范大学学报（人文社会科学版）.—2012,（3）.—46～48

3334 吉林省满族文化产业化发展创新视角研究/刘立强//长春师范学院学报.—2012,（8）.—13～16

3335 吉林省满族文化旅游资源开发刍议/吕萍//社会科学家.—2012,（3）.—98～101

3336 吉林市乌拉街镇满族文化现状调查/苏淮，王雪丽，姚小朋，查集振//佳木斯教育学院学报.—2012,（2）.—376+378

3337 老舍小说创作的满族文化情结/曹金合//满族文学.—2012,（5）.—106～110

3338 辽宁满族文化旅游发展SWOT分析/张新阳，李秀彦//旅游纵览（行业版）.—2012,（4）.—23

3339 辽宁满族文化资源产业化策略研究/赵茜//满族研究.—2012,（4）.—20～23

3340 辽宁省满族国家级非物质文化遗产的保护与传承/于富业//渤海大学学报（哲学社会科学版）.—2012,（3）.—141～144

满学研究论文索引（下）

3341 略论满族文化发展轨迹/刘静//经济研究导刊.—2012,（27).—280~281

3342 论丹东满族文化旅游开发/龙凡//中国乡镇企业会计.—2012,（5).—240

3343 论满族茶文化及其形成的影响因素/马东//农业考古.—2012,（2).—11~14

3344 满族传统体育文化生态体系的构建与保护研究/刘卫//沈阳体育学院.—2012,（10).—57

3345 满族对关东文化的历史贡献/黄志强//社会科学家.—2012,（5).—128~132

3346 满族非物质文化遗产传承与保护研究/李健民//黑龙江大学.—2012.5.8

3347 满族服饰的文化内涵/张凯//吉林艺术学院.—2012.5.1

3348 满族谱牒蕴涵珍贵历史民俗资料/郝欣//中国社会科学报.—2012.10.31

3349 满族萨满文化传承——以吉林九台满族石姓为例/吕萍//长春师范学院学报.—2012,（8).—9~12

3350 满族萨满文化的消失与遗存/赵志忠//满族研究.—2012,（4).—40~45

3351 满族审美思维范型解读/阎丽杰//满族研究.—2012,（2).—101~104

3352 满族食俗文化的传承研究/郑南,朱桂凤//满语研究.—2012,（1).—57~63

3353 满族说部的传承与保护/朱立春,富育光//社会科学战线.—2012,（5).—127~133

3354 满族先民海洋文化的历史记忆/吴迪//中国海洋大学.—2012.5.31

3355 满族游艺文化资源开发研究/王明霞,王微,李寒//黑龙江民族丛刊.—2012,（6).—140~146

3356 明、清服饰文化比较/吴红艳//现代丝绸科学与技术.—2012,（3).—122~124

3357 牧情谷里的萨满文化//参花（文化视界).—2012,（4).—38~41

3358 浅谈辽宁省满族地区文化遗产保护与发掘/沈健,薛迎春//时代教育.—2012,（21).—6

3359 浅谈满清服饰文化/赵震,陈宝涛//作家.—2012,（16).—245~246

十、文化与文化交流

3360 浅谈满族文化及其对东北地区的影响/洪红//黑龙江民族丛刊.—2012,(1).—143~146

3361 浅谈乌拉街的建筑与文化/郎静//中国校外教育.—2012,(12).—9

3362 沈阳故宫规划营造的文化理念/支运亭,孙虹//中国紫禁城学会论文集第八辑(下).—2012.—13

3363 试论满族和回族饮食文化对近代成都的影响/梁刚//贵州民族研究.—2012,(2).—206~210

3364 试论清代满族文化的变迁/郭孟秀//满语研究.—2012,(2).—118~123

3365 挖掘保护满族特色文化/常雅维//中国文化报.—2012.2.3

3366 寻找不同设计领域中的满族文化元素/包荣华//艺术教育.—2012,(4).—146

3367 隐讳与张扬——论老舍小说创作的满族文化情结/曹金合//哈尔滨师范大学社会科学学报.—2012,(1).—95~100

3368 中国贵族精神的丰富性表达——再论叶广芩家族叙事的文化图谱与意义指涉/扬林山//中南民族大学学报(人文社会科学版).—2012,(5).—119~123

3369 《红楼梦》在满族文化研究中的价值/王硕//历史文献研究(总第32辑):华东师范大学出版社.—2013.6.—234~245

3370 《沈阳景致子弟书》的城市文化整合意识/王立,刘芳芳//珠江论丛.—2013,(2).—1~6

3371 北京旗人文化研究/孔震//中央民族大学.—2013,(12).—154

3372 长吉图区域满族民俗旅游文化产品设计/李辉//社会科学战线.—2013,(10).—133~136

3373 城市化背景下哈尔滨周边乡村少数民族文化保持研究——以满族、锡伯族为例/张广才//哈尔滨师范大学社会科学学报.—2013,(5).—122~125

3374 刍议沈阳市满族文化旅游品牌的发展/刘静//经济研究导刊.—2013,(26).—110~111

3375 从历史文献看满族嬗变及其民俗文化/金凤//当代图书馆.—2013,(1).—26~29

3376 从永陵镇田野调查看满族群众文化的民生导向/李阳//满族研究.—2013,(3).—83~87

3377 黑龙江省满族传统体育文化旅游项目开发研究/关双富,李爱华,王建,李旭强//当代体育科技.—2013,(22).—132~133

满学研究论文索引（下）

3378 基于满族文化传承的绿化景观设计——以宽城满族自治县金山街为例/曾妍锋，王毅承，潘冬梅，李美军//中国园艺文摘.—2013,（8）.—113～115+1

3379 吉林省满族民俗旅游开发研究/苑海龙//现代营销（学苑版）.—2013,（1）.—99

3380 辽东地域体育文化引入学校体育教育中的研究——以满族体育文化为例/周春太//当代体育科技.—2013,（22）.—6～7

3381 辽宁满族集中分布区县域旅游资源评价与发展模式研究/李婧//燕山大学.—201312.1

3382 辽宁满族文化特色冰雪体育旅游产品设计/蒲玉宾，姜娟，胡雁//搏击（武术科学）.—2013,（11）.—82～84

3383 辽宁满族文化现状及旅游开发对策研究/潘妍//旅游纵览（下半月）.—2013,（4）.—38

3384 辽宁省满族非物质文化遗产传承保护与民族地区群众文化建设研究/何晓薇//满族研究.—2013,（3）.—79～82

3385 辽宁省满族文化产业发展SWOT分析/赵茜//沈阳大学学报（社会科学版）.—2013,（3）.—290～293

3386 辽宁省满族文化资源现状分析/刘静//现代商业.—2013,（35）.—274～276

3387 论《红楼梦》中的满族习俗文化/夏桂霞//北方民族大学学报（哲学社会科学版）.—2013,（1）.—104～113

3388 论老舍作品中的满族文化身份认同/刘飞飞//东北师范大学.—2013.5.1

3389 论满族民俗文化在辽宁省民族地区旅游业发展中的定位/魏军//满族研究.—2013,（1）.—104～107

3390 论社会主义新农村建设中满族非物质文化遗产的开发与保护/杨晗//黑龙江民族丛刊.—2013,（1）.—137～143

3391 论文化发展视角下的建筑遗产再利用——从吉林市满族博物馆谈起/刘琳琳//黑龙江科技信息.—2013,（13）.—111

3392 论萧红作品的满族文化元素/付心欣//作家.—2013,（24）.—28～29

3393 满族非物质文化的传承/赵哲//2013年中国少数民族哲学及社会思想史学会年会中国石油大学（华东）60周年校庆学术研讨会论文集.—2013.—395～399

十、文化与文化交流

3394 满族家谱的文化特征及其史料价值/常裕铖//满族文学.—2013,(5).—103~105

3395 满族民俗旅游文化开发浅析/葛浩浩,佟金鹤//黑龙江科技信息.—2013,(13).—7

3396 满族民俗旅游资源开发浅析——以永陵满族民俗文化为例/李娜//旅游纵览(下半月).—2013,(10).—28~29

3397 满族女真时代服饰文化考/孙希武//科教导刊(中旬刊).—2013,(9).—168~169

3398 满族骑射文化及其当代价值/陈立华,贾冲,马磊//沈阳体育学院学报.—2013,(6).—136~138

3399 满族说部传承人的文化特质与叙事旨向/詹娜,江帆//西北民族研究.—2013,(2).—183~189

3400 满族说部中的历史记忆/姜小莉//吉林师范大学学报(人文社会科学版).—2013,(5).—24~27

3401 满族说部中的猎鹰文化记忆/杨峰//黑龙江社会科学.—2013,(6).—133~136

3402 满族文化用于动画创作的可行性分析/张晨//剑南文学(经典教苑).—2013,(5).—182

3403 满族与蒙古族语言文化互动研究/胡艳霞,贾瑞光//满族研究.—2013,(2).—111~113

3404 满族语言文化的价值/陆家屹//文学教育(下).—2013,(12).—23

3405 频临消亡的关东满族鹰猎文化——沈空苍鹰驯鸟工程民俗史溯源/樊钥宽,韩东磊,王春光//旅游纵览(下半月).—2013,(2).—248~249+251

3406 浅论民族文化的发展——以辽宁岫岩满族文化为例/马爱杰//经济研究导刊.—2013,(1).—177~178

3407 浅谈满族服饰的文化特点/谢佳忆//青年文学家.—2013,(29).—81

3408 浅析巴音博罗早期诗歌中的满族文化特质/刘跃//满族文学.—2013,(1).—108~112

3409 浅析满族文化生态博物馆的建设——以宁安富察氏建立满族生态博物馆的可行性分析为例/张丽梅//黑龙江民族丛刊.—2013,(4).—136~140

3410 浅析满族文化与女真族文化的关系/矫石//黑龙江史志.—2013,(17).—273

满学研究论文索引（下）

3411 浅析满族文化资源的概念与种类/刘静//经济研究导刊.—2013,（2).—199～200

3412 人类学视野下满族传统体育文化探讨/苏凯，贾瑞光//长春师范学院学报.—2013,（6).—69～71+125

3413 少数民族旅游区发展思路探析——以吉林省四平市叶赫满族文化旅游区为例/谷亚光，谷牧青//管理学刊.—2013,（2).—49～53

3414 沈阳清昭陵的文化特色及成因/徐延英，杨英宇，董庆辉//宁波保国寺大殿建成1000周年学术研讨会暨中国建筑史学分会2013年会论文集.—2013.8.22

3415 试论萨满文化与满族民俗的关系——从《古风神韵——走进神秘的萨满世界》展览谈起/黄岚//春草集（二)——吉林省博物馆协会第二届学术研讨会论文集.—2013.8.26.—234～240

3416 试析满族鹰猎文化之流变/姜广义//满族研究.—2013,（4).—118～122

3417 衰微与融合:论东北地区满语的文化走向/范立君，谭玉秀//社会科学战线.—2013,（11).—151～157

3418 天津满族历史文化研究/姜舟//天津师范大学.—2013.4.1

3419 新疆伊犁河谷地区满族非物质文化遗产的开发与利用/王友文，张燕//满族研究.—2013,（3).—88～92+100

3420 闫家村乡村旅游景观规划中满族文化的表达/吴云涛，陈伯超，郝鸥//沈阳建筑大学学报（社会科学版).—2013,（3).—230～234+239

3421 族群意识的抒写与民族文化的凸显——论老舍小说创作的满族文化情结/曹金合//东岳论丛.—2013,（2).—151～155

（二）教育及各类教育

3422 满族教育在清代/张国昌//满族研究.—1986,（3).—56～63

3423 谈谈当前学习满族语言文字的意义/格根塔娜//满族研究.—1986,（2).—93～96

3424 富裕县三家子小学满语教学概况/本刊编辑部//满语研究.—1989,（2).—144

3425 培养满文档案翻译人材之管见/肖可//满语研究.—1989,（2).—131～135

3426 从满族的文化习俗看沈阳故宫的门神和匾联/姜相顺//满族研究.—1990,（4).—40～45

3427 满族家塾/王佐贤//紫禁城.—1990,（2).—36

十、文化与文化交流

3428 谈谈清代的满语教学/爱新觉罗·瀛生//满族研究.—1990,(3).—43~49

3429 为培养满文人才、促进满学研究而建立的北京满文书院/金宝森//满族研究.—1990,(4).—47~50

3430 满族教育的发展过程及其文化特征/齐红深//教育科学.—1993,(4).—4~8

3431 满族教育史研究中的几个问题/齐红深//辽宁师范大学学报.—1994,(3).—22~25

3432 满族教育述略/李云霞//满族研究.—1994,(1).—37~38

3433 文献中以动物为名之满语水体续考（一）续/黄锡惠//满语研究.—1994,(1).—63~66

3434 雍正帝胤祯的教育思想/齐红深//满族研究.—1994,(1).—39~42

3435 呼和浩特满族教育发展概述/佟鸿举//满族研究.—1995,(1).—46~49

3436 清前期东北满族教育探微/吴文博//辽宁大学学报（哲学社会科学版).—1997,(1).—105~107

3437 达斡尔族的满文私塾/毅松//满语研究.—1999,(2).—116~118

3438 满族先民的早期教育管窥/佟鸿举//民族教育研究.—1999,(1)

3439 清初的皇族教育/常晓辉//满族研究.—1999,(2).—48~52

3440 满族教育概览/辛雨时//吉林日报.—2000.6.30

3441 康熙帝教子论析/杨珍//满族研究.—2001,(1).—36~44

3442 清末青州的满族教育/刘明新,李凤琪//民族教育研究.—2001,(3).—54~56

3443 论满族传统体育项目与学校体育教学/栾桂芝//黑龙江民族丛刊.—2002,(3).—73~75

3444 面向社会需要培养满族语言文化人才/子禾//满语研究.—2002,(1).—144

3445 清代八旗满蒙科举世家述论/张杰//满族研究.—2002,(1).—35~39+34

3446 清代前期满族传统教育述论/刘玉文//故宫博物院院刊.—2002,(6).—15~24

3447 满族语言文化教学方略/赵阿平//满语研究.—2003,(1).—46~51

3448 试论晚清时期的教育创新/佟春霖,邢忠伟//满族研究.—2003,(1).—66~69

满学研究论文索引（下）

3449 清代科举制度对满族文化发展的多元影响/张杰//学习与探索.—2004,（4).—129~133

3450 试论清代满族重视家庭教育的原因/孔艳波//北华大学学报（社会科学版).—2005,（6).—58~61

3451 满族家庭伦理道德教育/刘国石，关立英//北华大学学报（社会科学版).—2006,（4).—47~52

3452 清代满族家庭教育的主要内容/孔艳波//北华大学学报（社会科学版).—2006,（2).—58~62

3453 清代满族家庭文化教育浅说/刘国石//北华大学学报（社会科学版).—2006,（3).—35~39

3454 对清代满族家庭教育的几点认识/孔艳波//黑龙江民族丛刊.—2007,（6).—106~110

3455 吉林省伊通满族自治县满语、满文教育教学方案之预测/刘国石//满族研究.—2007,（4).—77~81

3456 论满族音乐在学前音乐教育中的教学探索/金华//东北师范大学.—2007.5.1

3457 满族"东海葬式"分析及教材建构/安晓春//中央民族大学.—2007.4.1

3458 满族家庭艺术教育/刘国石，刘颍//北华大学学报（社会科学版).—2007,（2).—71~77

3459 美国高校中的满族史教学和研究:以哈佛大学为例/刘彦臣//满族研究.—2007,（1).—49~53

3460 清代八旗学校中的外语教育/杜家骥，秦贤宝//满族研究.—2007,（1).—76~78

3461 清代福州满族社会教育形态的演变及其影响/麻健敏//宁德师专学报（哲学社会科学版).—2007,（1).—37~43

3462 满族"双语"教育教学改革蠡测/刘国石//北华大学学报（社会科学版).—2008,（6).—104~109

3463 散杂居少数民族教育现状与思考——以山东省青州市回、满族教育为例/刘明新，师丽华//民族教育研究.—2008,（5).—59~63

3464 英和及其所受家塾教育/肖立军，秦贤宝//满族研究.—2008,（3).—78~81

3465 略述满族传统的婴幼儿教养文化/蒋剑//科教文汇（下旬刊).—2009,

十、文化与文化交流

(1).—57

3466 清代满族皇室教育传承的文化人类学分析/郑雪松//郧阳师范高等专科学校学报.—2009,(5).—48~52

3467 清末吉林新式旗人学堂及满文教育/刘彦臣//中国边疆史地研究.—2009,(2).—102~109+149

3468 试论清代科举考试在贵州的变通与变革/刘维民//贵州文史丛刊.—2009,(4).—74~77

3469 试析历代教育政策对满族教育的作用/齐红深//纪念《教育史研究》创刊二十周年论文集(3)——中国教育制度史研究.—2009.—281~285

3470 东北地区中小学体育课引入满族部分冬季传统体育项目的可行性研究/李兆臣,关双富//冰雪运动.—2010,(4).—92~96

3471 奉天八旗满蒙文中学堂初探/王凤雷//内蒙古师范大学学报(哲学社会科学版).—2010,(1).—119~125

3472 满族传统体育纳入满族地区学校体育课程资源的研究/刘新晶//沈阳体育学院.—2010.3.1

3473 满族传统体育教学机制的建立与实践研究/张孝荣//辽东学院学报(自然科学版).—2011,(1).—81~84+89

3474 剪一纸春色——满族剪纸与美术课程资源开发/黄莹,李公君//现代交际.—2012,(5).—60

3475 康熙朝黑龙江八旗官学教育释疑/金鑫//满族研究.—2012,(3).—65~72

3476 满族传统民间儿童游戏德育价值考略/魏海龙//山西师范大学.—2012.4.10

3477 满族传统体育纳入辽宁高校体育课程资源体系可行性分析/韩景军//满族研究.—2012,(3).—35~38

3478 满族剪纸：进课堂入教材薪火相传/常雅维,王全//中国文化报.—2012.3.13

3479 浅谈满族的孝道文化在高校道德教育中的现实价值/刘芳//学理论.—2012,(6).—91~92

3480 青州满族的海岱书院/李凤琪//满族研究.—2012,(2).—52~54

3481 清代辽宁八旗官学中的学校德育/张家璇//吉林省教育学院学报(上旬).—2012,(1).—79~80

满学研究论文索引（下）

3482 清代辽宁学校德育中的满族文化特征／张家璇／／辽宁师范大学．—2012.4.1

3483 昔日的北京满文书院／金宝森，吴海玙／／北京档案．—2012，（2）.—38～39

3484 彰显地方特色；收获教学实效——吉林师范大学满族语言文化特色教学的探索与实践／于鹏翔，夏宇旭，王立／／吉林师范大学学报（人文社会科学版）.—2012，（5）.—103～105

3485 从康熙东巡皇子随驾看清初皇子教育的侧重／罗丽欣／／清宫史研究（第十一辑）——第十一届清宫史研讨会论文集：文化艺术出版社．—2013.12.—210～217

3486 皇宫旧灯铭维艰——从沈阳故宫旧藏糠灯看清代帝王的教育／刘晓晨／／贵州文史丛刊．—2013，（4）.—46～49

3487 论清代吉林的八旗官学／周杨／／东北史地．—2013，（2）.—42～45

3488 满族剪纸艺术与小学美术教学相结合的探讨／孟祥禹／／吉林省教育学院学报（下旬）.—2013，（10）.—120～121

3489 满族剪纸在小学美术课中的传承／吴尚／／新课程学习（中）.—2013，（1）.—168

3490 浅谈黑龙江流域满族美术课程资源的开发与利用／索继明／／大众文艺．—2013，（1）.—202～203

3491 清代的右翼宗学／殷芳／／海内与海外．—2013，（9）.—66～68

3492 清代东北八旗官学研究／周杨／／长春师范大学．—2013.6.1

3493 清代京旗科举研究／王秀芹／／中央民族大学．—2013.5.1

3494 在满语教学中激发学习兴趣／孟繁晶／／现代教育科学（小学教师）.—2013，（S2）.—193

（三）体育、游戏

3495 满族人的"嘎拉哈"游戏／景爱／／学习与探索．—1980，（3）.—99～102

3496 满族的相扑／徐素卿／／体育文史．—1983，（1）.—45～46

3497 满族人的"嘎拉哈"游戏／景爱／／黑龙江民族丛刊．—1985，（3）.—108～111

3498 沈城足球之始——踢形头／白希智／／满族研究．—1985，（1）.—93

3499 满族体育项目"采珍珠"／赵书／／中国民族．—1986，（8）.—9

3500 满族传统体育项目——二贵摔跤／赵启泰／／满族研究．—1988，（2）.—89

十、文化与文化交流

3501 满族传统体育考略/徐素卿//沈阳体育学院学报.—1989,(2).—77~81

3502 清代满族传统体育之兴衰评析/李季芳//体育文史.—1991,(6).—2~6

3503 试论清代、民国时期北京满族体育的特点/孙小宁//体育文史.—1991,(3).—52~56

3504 清代满族摔跤的兴起及对中国摔跤形成的贡献/徐玉良//中央民族学院学报.—1992,(5).—41~42

3505 满族及其先人运动习俗的传承与变异/张新//体育文史.—1994,(5).—19~21

3506 满族及其先世与北方近邻民族体育游戏之比较/聂啸虎//成都体育学院学报.—1994,(1).—23~26+32

3507 满族棋弈/王宏刚//社会科学战线.—1994,(6).—95

3508 清代满族摔跤活动初探/苏肖晴,付虹影//宁德师专学报(自然科学版).—1994,(1).—42~44

3509 满族冰戏/王宏刚//社会科学战线.—1995,(2).—79

3510 满族传统体育项目研究/谭万生,白国贺//承德民族师专学报.—1995,(3).—31~33

3511 满族传统体育揣包与夹包/赵书//满族研究.—1995,(1).—45

3512 冰戏/云汉//满族研究.—1996,(1).—95

3513 论清代满族传统体育兴盛之原因/徐玉良//承德民族师专学报.—1996,(3).—86~87+93

3514 满族传统体育活动——二贵摔跤/编吉//满族研究.—1997,(4).—50

3515 满族妇女传统体育活动——雪地走/宛因//满族研究.—1998,(1).—87

3516 满族传统体育项目《蹴球》/赵书//满族研究.—1999,(1).—94

3517 满族传统体育项目——粘包赛/赵书//满族研究.—1999,(1).—32

3518 满族冰上游戏/施立学//吉林日报.—2001.1.9

3519 满族传统体育项目"绫球"/赵书//满族研究.—2001,(3).—90~91

3520 满族珍珠球/郭凤山//吉林日报.—2001.2.13

3521 试析满族冰嬉运动的兴起与发展/陆岚,陆雯//沈阳体育学院学报.—2005,(4).—124~125+128

3522 辽宁满族传统体育项目发展的现状与对策/栾桂芝,陈立华//辽宁师范大学学报(自然科学版).—2007,(4).—526~528

3523 满族传统体育项目——八旗冰嬉的历史考证/唐云松,国梁//满语研

究.—2007，(1).—109～112

3524 满族的传统体育项目及特点/赵忠伟，栾桂芝，罗利，姜桂平//成都体育学院学报.—2007，(6).—33～34

3525 满族游戏——欻嘎拉哈/王绘沣，张成茂，刘博闻//牡丹江日报.—2007.8.3

3526 神秘的满族足球——"踢形头"/王绘沣，宫春利，张成茂，刘博闻//牡丹江日报.—2007.7.25

3527 满族传统体育项目蹴球/赵书//满族研究.—2008，(2).—121～122

3528 满族传统体育项目的形成与发展/栾桂芝，丁振宾，王敬英//大连民族学院学报.—2008，(6).—491～493

3529 探索辽宁满族传统体育发展的新思路/孙娟，马秋萍//吉林体育学院学报.—2008，(6).—138～140

3530 北方民间传统文化之嘎拉哈的演变特征与传承/王富秋//满族研究.—2009，(3).—85～87

3531 满族民间体育传承形式探析/栾桂芝，王德平//满族研究.—2009，(3).—73～76+81

3532 满族民间游戏的保护与开发/汪萍//满族研究.—2009，(2).—111～114

3533 浅谈满族体育二贵摔跤道具应用及其改造方法/刘德兵，王凤娟//承德民族师专学报.—2009，(4).—95～96

3534 珍珠球运动的功能探析/韩二涛，朴刚//满族研究.—2009，(3).—82～84

3535 从乌拉划子到冰嬉大典——清廷对满族旧俗之弘扬及其意义/赵丽//今日科苑.—2010，(20).—123～124+128

3536 丹东满族地域农村体育活动研究/张孝荣//辽东学院学报（自然科学版).—2010，(3).—239～241

3537 满族传统体育的发展研究/胡彪//沈阳体育学院.—2010.3.1

3538 满族传统体育项目——珍珠球的发展与推广/陈尧//吉林省教育学院学报（学科版).—2010，(7).—28～29

3539 满族文化对坤宁宫室内格局的影响初探/翁杨，王逢瑚//家具与室内装饰.—2010，(7).—58～59

3540 我国少数民族传统体育的发展方向研究——以满族的珍珠球运动为例/蔡建//运动.—2010，(2).—143～144

十、文化与文化交流

3541 保护、开发与利用满族珍珠球文化遗产/夏磊//学理论.—2011,（17）.—191~192

3542 城镇化进程中满族传统体育传承的困境与出路/姜娟//沈阳体育学院学报.—2011,（3）.—127~129

3543 满族民间体育对人体生理机能的影响/陈艳，张强//通化师范学院学报.—2011,（2）.—55~56+97

3544 满族民间体育体系的探究/张强//通化师范学院学报.—2011,（4）.—54~55

3545 满族民间体育在东北地域学校体育中的应用价值/秦东宏，张强//通化师范学院学报.—2011,（2）.—109~111

3546 清代冰嬉大典的文化传统与政治意义/赵丽//多维视野下的清宫史研究——第十届清宫史学术研讨会论文集：现代出版社.—2013.1.—275~288

3547 全球化视角下满族民间体育的保护与发展/李蜜//通化师范学院学报.—2011,（4）.—58~59

3548 论满族非物质文化遗产二贵摔跤的嬗变与传承/刘艳春//大舞台.—2012,（11）.—247~248

3549 满族的冰鞋及冰上运动/佟名//满族文学.—2012,（2）.—91~92

3550 满族体育项目的源流探析/闫欣//辽宁师专学报（自然科学版）.—2012,（3）.—52~53+79

3551 满族珍珠球运动传承研究——少数民族体育类非物质文化遗产的视角/赫金鸣//满族研究.—2012,（4）.—64~69

3552 清朝满族冰嬉运动兴起的原因和发展/胡祖荣//兰台世界.—2012,（36）.—109~110

3553 探源清代的宫廷体育运动/吴春磊//兰台世界.—2012,（15）.—71~72

3554 珍珠球运动在黑龙江高校开展的阻碍因素及对策研究/黄琦//牡丹江师范学院.—2012.5.18

3555 珍珠球运动在体育教学中应用的可行性分析/李兆臣//文体用品与科技.—2012,（16）.—104~105

3556 别具风采的满族"二贵摔跤"/闫立辉，赵阳，张艳梅//当代人.—2013,（12）.—19~21

3557 东北满族冰嬉雪趣/学亮//中国艺术报.—2013..2.8

3558 对改进珍珠球比赛场地和用球建议/王跃//时代教育.—2013,（3）.—

140

3559 黑龙江省满族中小学冬季体育冰雪特色活动的运动预防与安全教育／启岩，闫绍惠／／林区教学．—2013，（3）．—116～117

3560 黑龙江省少数民族地区体育资源开发研究——以鄂伦春族、鄂温克族、赫哲族、满族、朝鲜族为例／刘传勤／／黑龙江民族丛刊．—2013，（2）．—128～132

3561 满族"二贵摔跤"的历史演变及其文化价值分析／王兵／／兰台世界．—2013，（15）．—95～96

3562 满族传统体育发展研究／蔺雪莲／／体育文化导刊．—2013，（9）．—118～121

3563 满族传统体育项目"珍珠球"的传承与发展／胡良玉／／体育与科学．—2013，（5）．—91～94

3564 满族传统体育项目"珍珠球"述考／张学生／／兰台世界．—2013，（30）．—66～67

3565 满族竞技体育项目及其传承方式／栾桂芝，贾瑞光，陈立华／／大连民族学院学报．—2013，（6）．—593～595+640

3566 满族体育源起与传承发展研究／徐芳，曹萌／／满族研究．—2013，（2）．—125～128

3567 清初满族体育运动兴盛缘由探析／李德荣／／兰台世界．—2013，（33）．—36～37

3568 清代满族皇家冰嬉探析／姜娟，蒲玉宾，胡雁／／搏击（武术科学）．—2013，（8）．—72～74+85

3569 新时期满族传统体育在社会各领域中的角色定位及发展／刘威，关双福，李旭强／／哈尔滨体育学院学报．—2013，（1）．—55～58

3570 珍珠球——民族体育之珠／田雨／／金秋．—2013，（22）．—28～29

（四）图书馆与现代技术

3571 辽宁省图书馆藏满文书述略／康尔平／／满语研究．—1986，（1）．—140～144

3572 北京图书馆藏满族宗谱叙录（上）／／文献．—1987，（2）．—145～156

3573 北京图书馆藏满族宗谱叙录（下）／／文献．—1987，（3）．—135～142

3574 满族史料四种跋尾／贾敬颜／／满族研究．—1987，（3）．—9～12

3575 满族研究论著编目／晏路／／满族研究．—1988，（2）．—91～96

3576 满族研究论著编目（续）／晏路／／满族研究．—1988，（3）．—92～96

十、文化与文化交流

3577 满族研究论著编目（续）/晏路//满族研究.—1988,（4）.—88～93+96

3578 棟亭藏书述略/张一民//满族研究.—1991,（1）.—56～58

3579 清代北京自然科学图书出版述略/常林//满族研究.—1996,（1）.—56～61

3580 清代北京翻译图书出版述要/常林//满族研究.—1997,（2）.—45～55

3581 试论清代满族的出版事业及其成就/武亚民//满族研究.—1997,（4）.—55～56+28

3582 开放式满汉辅助翻译系统的研究和实现/张俐，李晶皎，赵欣，王宝库//东北大学学报.—1999,（6）.—587～590

3583 辽宁省图书馆馆藏满文古籍书说/卢秀丽//满族研究.—2001,（2）.—63～65+21

3584 试论满文文献的著录/郭孟秀//满语研究.—2002,（2）.—30～34

3585 试论早期满文文献分类/郭孟秀//满语研究.—2002,（1）.—53～57

3586 谈谈满文古籍分类如何借鉴《四部法》的问题/李婷//满语研究.—2002,（2）.—35～38

3587 论子弟书的整理与研究/陈锦钊//满族研究.—2003,（4）.—55～64+72

3588 满文罗马转写与圈点满文转换算法的实现/张广渊，李晶皎，张俐//东北大学学报.—2003,（12）.—1157～1160

3589 满文矢量字库和罗马转写满文输入法的实现/张广渊，李晶皎，张俐//东北大学学报.—2003,（11）.—1033～1036

3590 一部具有显明特点的满文图书目录——简评《辽宁省图书馆满文古籍图书综目》/吴元丰//满族研究.—2003,（4）.—95～94

3591 北京地区满文图书概述/徐莉//满语研究.—2004,（1）.—80～85

3592 大连图书馆馆藏满文文献概述/阎立新//满语研究.—2004,（1）.—86～91

3593 近年来中国第一历史档案馆藏满文档案编译出版概况/郭美兰//满语研究.—2004,（2）.—77～81

3594 清代满文官刻图书发展述略/吴修琴//渝西学院学报（社会科学版）.—2005,（3）.—63～66

3595 北京大学图书馆馆藏满文古籍孤本提要/李雄飞//满语研究.—2006,（1）.—67～74

3596 基于HMM的满文文本识别后处理的研究/赵骥，李晶皎，王丽君，张

继生 // 中文信息学报.—2006,(4).—63 ~ 67

3597 基于知识的满文识别后处理 / 张广渊, 李晶皎, 王爱侠 // 计算机辅助工程.—2006,(3).—69 ~ 71

3598 《北京大学图书馆馆藏满文古籍孤本提要》补叙 / 李雄飞 // 满语研究.—2007,(1).—141 ~ 144

3599 北京大学图书馆馆藏满文古籍孤本选登 // 满语研究.—2007,(1).—145

3600 满文古籍书名著录之我见 / 卢秀丽 // 满族研究.—2007,(2).—122 ~ 126

3601 中央民族大学图书馆馆藏古籍满族家谱综述 / 李婷 // 贵图学刊.—2007,(3).—40 ~ 43

3602 构建满族文化数据库方略 / 张素杰, 胡艳 // 图书馆学刊.—2008,(3).—112 ~ 113

3603 辽宁省图书馆满文古籍图书藏书状况的统计与辨析 / 卢秀丽 // 满族研究.—2008,(2).—83 ~ 86

3604 满文录入关键问题的研究 / 张颖 // 吉林师范大学学报（自然科学版）.—2008,(4).—129 ~ 131

3605 满文拼音输入法的设计与实现 / 白云莉, 敖其尔 // 内蒙古农业大学学报（自然科学版）.—2008,(2).—154 ~ 157

3606 中央民族大学图书馆藏古籍满族家谱综述 / 李婷 // 满族研究.—2008,(1).—114 ~ 118

3607 论清代前期满文出版传播的特色 / 章宏伟 // 河南大学学报（社会科学版）.—2009,(1).—80 ~ 91

3608 锡伯文与满文信息技术应用研究 / 佟加·庆夫 // 满语研究.—2009,(1).—21 ~ 29

3609 18至20世纪研究记述清皇室人物的西文书目提要 / 赵晓阳 // 满族研究.—2010,(4).—85 ~ 93

3610 满文档案开发利用研究 / 赵彦昌, 王红娟 // 满族研究.—2010,(4).—47 ~ 52

3611 日本满文古籍文献及其整理研究概况 / 黄金东 // 满族研究.—2010,(3).—101 ~ 104

3612 从崇谟阁、敬典阁看沈阳故宫的档案收藏 / 温淑萍 // 沈阳故宫博物院院刊.—2011.—428 ~ 432

3613 移动终端满文输入的实现 / 魏巍, 郭晨, 赵晶莹 // 大连海事大学学报.—

十、文化与文化交流

2011，(1).—113～117

3614 基于多特征集成分类器的脱机满文识别方法/魏巍，郭晨//计算机工程与设计.—2012，(6).—2347～2352

3615 基于元数据的满族民间美术文献资源库构建/王蕾，杨晶石//通化师范学院学报.—2012，(4).—99～100

3616 吉林大学图书馆馆藏稀见满文文献述略/蔡宏，李爱华，孙世红//满族研究.—2012，(2).—78～83

3617 论满文档案数字化的两个问题/赵彦昌//兰台世界.—2012，(5).—5～6

3618 满文档案数字化的措施及其方法/赵彦昌，王红娟//兰台世界.—2012，(S2).—18～19

3619 满文档案数字化及其开发利用研究/王红娟//山东大学.—2012.4.15

3620 满学数据库建设的实践与展望/刘立强//图书馆学研究.—2012，(21).—48～50

3621 满族民间非物质文化原生资源的数字化建设探析/王波//图书馆学研究.—2012，(10).—35～36+79

3622 满族说部的分类标准与分类方式/王卓//东北史地.—2012，(2).—40～43

3623 清代满文化影响下的档案术语/田丹//辽宁大学.—2012，(3).—84

3624 沈阳故宫博物院所藏古籍中的满文书籍/李梅//沈阳故宫博物院院刊.—2012.—173～178

3625 17世纪上半叶满蒙汉文档案在蒙古史研究中的应用:以内蒙古大学清初蒙古史研究为例/齐木德·道尔吉//蒙古史研究（第十一辑）：科学出版社.—2013.12.—28～51

3626 非馆藏满文文献的搜集整理与数字化体系建构/曹萌//沈阳师范大学学报（社会科学版).—2013，(6).—21～23

3627 基于Access/TPI的满语文特色数据库建设实践/张成//长春师范学院学报.—2013，(10).—50～53

3628 简述满文、蒙古文文献目录及其分类法/乌兰其木格//满族研究.—2013，(4).—82～86

3629 满族非物质文化遗产档案信息管理平台的构建研究/陈哲//现代情报.—2013，(1).—129～131

3630 清代军机处满文录副奏折实现数字化检索/王金龙//历史档案.—

2013,(2).—140

3631 试论民族文字文献目录分类法及其存在的问题——以蒙古文、满文文献目录为中心/乌兰其木格//内蒙古师范大学学报(哲学社会科学版).—2013,(5).—9~13

十一、军事、地理

（一）军事

3632 八旗水师事略/傅克东//满族研究.—1986,（1).—19~25

3633 清代北京的健锐营/荣铁耕//满族研究.—1987,（2).—35~36

3634 威远攻坚资火器——八旗枪炮漫话/张国昌//满族研究.—1987,（2).—37~40

3635 锡伯索伦与塔尔巴哈台新满营的组建/佟克力//满族研究.—1991,（4).—89~96

3636 伊犁新满营的组建及巩留旗屯/贺灵//满族研究.—1991,（3).—22~25

3637 努尔哈赤的用间策略/高庆仁//满族研究.—1994,（3).—25~31

3638 试论丁亥之役/边佐卿//满族研究.—1994,（4).—8~13

3639 圆明园八旗营房述略/赵书//满族研究.—1994,（4).—32~35

3640 袁世凯与满族亲贵争夺军权斗争述论/梁义群,宫玉振//许昌师专学报.—1994,（2).—43~49

3641 论青州旗兵与镇江战役/孙长来//满族研究.—1996,（2).—25~27

3642 健锐营八旗述往/赵书//满族研究.—1997,（2).—40~44

3643 试论满族兵家谋略的内容及特点/何晓芳//满族研究.—1997,（3).—47~52

3644 试论清入关前满族军事家群体的形成与特点/何晓芳//中央民族大学学报.—1997,（5).—57~63

3645 清初汉儒臣对满族军事谋略的影响及作用/何晓芳//满族研究.—1998,（3).—37~43

3646 试论萨尔浒大战与清初满族兵家谋略/何晓芳//满族研究.—1999,（3).—30~35

3647 桓仁县境最大的古战场——细说萨尔浒大战的东线之战/王丛安//满族研究.—2001,（3).—47~52

3648 简论努尔哈赤时期八旗军事力量的形成及发展壮大/张炳旭//满族研究.—2001,（1).—45~49

3649 抗击侵略者英勇悲壮的一幕——青州八旗兵赴镇江作战考略/李凤琪//满族研究.—2001,（3).—41~44

3650 刘綎与萨尔浒战役中的宽甸之战/姚斌//满族研究.—2001,（3).—53~55

满学研究论文索引（下）

3651 清代满族弓箭的制作及管理/仪德刚//广西民族学院学报（自然科学版).—2004,（3).—16～23

3652 清代火枪述略/毛宪民//满族研究.—2005,（4).—48～53

3653 简述清代大将军/常嘉林//满语研究.—2006,（1).—44～49

3654 清代新疆满营研究/苏奎俊//新疆大学.—2006.6.8

3655 福州三江口水师旗营建制前后之追思/蓝锡麟//满族研究.—2008,（2).—75～76

3656 萨尔浒之战与朝鲜光海君的双边外交政策/文钟哲//满族研究.—2008,（4).—63～71

3657 "丙子之役"及战后清鲜交涉的几个问题/王臻//韩国研究论丛.—2009,（2).—362～377

3658 福州将军与清朝中后期台湾满洲军事体制研究/杨晓君//内蒙古师范大学.—2009.5.25

3659 清末旗人军事改革与八旗生计/贾艳丽//满族研究.—2009,（3).—41～46

3660 论近代青州旗兵的军事活动/孙长来//满族研究.—2011,（1).—61～65

3661 京口旗营述略/徐苏//镇江高专学报.—2012,（1).—35～39

3662 萨尔浒大战与本溪/刘彦红//满族研究.—2012,（2).—32～37

3663 萨尔浒之战研究/李金涛//中央民族大学.—2012,（5).—117

3664 福建长乐琴江满族村：清代三江口水师旗营驻防之地/吴丁//中国文化遗产.—2013,（1).—60～65

（二）地理

3665 满族故乡凤凰城/张作炳，刘守刚//中国民族.—1983,（1).—48

3666 合拢刺山与哈萨里山考释/黄锡惠//满语研究.—1986,（2).—75～76

3667 满族究竟发源於何地/瀛云萍//满族研究.—1986,（2).—34～37

3668 《吉林通志》中与植物有关之满语水体名称考释/黄锡惠//满语研究.—1987,（1).—81～102

3669 木兰县名源考/王光迅//满族研究.—1987,（3).—32

3670 清代三仙女传说中人名和地名考释/司徒//满语研究.—1987,（1).—103～104

3671 清代志书中以动物为名之满语水体考释（一）/黄锡惠//满语研究.—1987,（2).—46～70

十一、军事、地理

3672 青州满族旗城铁闻/李凤琪//民俗研究.—1989,(1).—43~44

3673 清代文献中与水文有关之满语水体考释/黄锡惠//满语研究.—1989,(1).—62~79

3674 文献中以自然地理实体地理通名为专名之满语水体考释/黄锡惠//满语研究.—1989,(2).—62~82

3675 清代满城考/马协弟//满族研究.—1990,(1).—29~34

3676 文献中以颜色为名之满语水体考释/黄锡惠//满语研究.—1990,(2).—62~74

3677 文献中与地理方位及数词有关之满语水体考释/黄锡惠//满语研究.—1990,(1).—61~85

3678 文献中以地形地貌的形象特征为名之满语水体考释/黄锡惠//满语研究.—1991,(1).—68~83

3679 清帝东巡驻跸地方满语地名考略/李理//满语研究.—1992,(2).—88~94

3680 文献中以草本植物为名之满语水体续考/黄锡惠//满语研究.—1992,(1).—74~89

3681 文献中以木本植物为名之满语水体续考(一)/黄锡惠//满语研究.—1992,(2).—74~87

3682 文献中以动物为名之满语水体续考(二)/黄锡惠//满语研究.—1994,(2).—100~111

3683 文献中以动物为名之满语水体续考(二)/黄锡惠//满语研究.—1995,(1).—99~106+113

3684 建州卫初治所在地考/庄福临//满族研究.—1996,(1).—25~28

3685 文献中以动物为名之满语水体续考(三)/黄锡惠//满语研究.—1996,(1).—85~98+132

3686 文献中与经济生活有关之满语水体考释(一)/黄锡惠//满语研究.—1996,(2).—68~78

3687 清改沈阳为盛京考述/杜家骥//满族研究.—1997,(4).—36~37

3688 文献中与经济生活有关之满语水体考释(二)/黄锡惠//满语研究.—1997,(1).—43~49

3689 文献中与经济生活有关之满语水体考释(三)/黄锡惠//满语研究.—1997,(2).—78~82+98

满学研究论文索引（下）

3690 从满文档案看五大连池火山／吴雪娟／／满语研究．—1998，（2）.—101～105

3691 文献中与经济生活有关之满语水体考释（四）／黄锡惠／／满语研究．—1998，（1）.—45～49

3692 叶赫部地名考／庄福临／／满族研究．—1998，（1）.—29～35

3693 叶赫部史上的"张"地地望辨／庄福林，韩风／／满族研究．—1999，（1）.—25～32

3694 清代杭州满城研究／陈喜波，颜廷真／／满族研究．—2001，（3）.—30～35

3695 清代双城堡地区满语文教育状况考／张虹／／满族研究．—2001，（1）.—88～90

3696 中国东西部民族语地名修辞方法初探——以满语与苗语地名为例／金美／／满语研究．—2001，（2）.—77～82

3697 明清皇城与紫禁城沿革举要／常欣／／满族研究．—2002，（2）.—62～69

3698 青州驻防城建城概述／李凤琪／／满族研究．—2002，（4）.—66～72

3699 对《满族大词典》地名部分之商榷（续一）／瀛云萍／／大连民族学院学报．—2003，（4）.—11～14

3700 对《满族大辞典》地名方面之商榷／瀛云萍／／大连民族学院学报．—2003，（2）.—11～12

3701 黑龙江满语、蒙古语地名小议／胡艳霞／／满语研究．—2003，（1）.—68～72

3702 对《满族大词典》地名部分之商榷（续二）／瀛云萍／／大连民族学院学报．—2004，（4）.—11～14+46

3703 满语地名研究方法谈／黄锡惠，王岸英／／满语研究．—2004，（1）.—48～60

3704 满族的一方福地——瑞雪中的新宾／徐治／／今日民族．—2004，（3）.—68～70

3705 "满城"特征探析／朱永杰／／清史研究．—2005，（4）.—78～84

3706 康熙二十一年"东北虎"在东北南部地区的分布／张士尊／／满族研究．—2005，（2）.—96～100+121

3707 清代盛京城六部建置及坐落位置／谢慧君／／满族研究．—2005，（4）.—54～58

3708 吉林市满语地名与满族文化探析／陈洁／／满族研究．—2006，（4）.—

十一、军事、地理

69～71

3709 清代满城兴建与规划建设研究/黄平//四川大学.—2006.5.18

3710 清代满文舆图概述/吴雪娟//满语研究.—2006,（2).—49～52

3711 太原满城时空结构研究/朱永杰，韩光辉//满族研究.—2006,（2).—61～70

3712 清代新疆满城探析/苏奎俊//新疆大学学报（哲学人文社会科学版).—2007,（5).—81～87

3713 "都英额"地方之考察/白凤羽//满族研究.—2008,（4).—59～62

3714 乌拉王城与辉发王城建制的比较研究/孙明//满族研究.—2008,（4).—79～82

3715 辛亥革命后的八旗驻防城：山东青州满城个案考察（1911—2003)/定宜庄//满族研究.—2008,（4).—83～97

3716 满族文化对盛京城规划建设的影响——兼论盛京城在满族和清代都城史上的地位/李声能//满族研究.—2009,（3).—59～67

3717 "哈尔滨"地名考释/黄锡惠//满语研究.—2010,（1).—5～24

3718 满族佟佳氏马察地方考略/崔维//满族研究.—2010,（3).—94～96

3719 满族早期都城的空间特点分析/李声能//沈阳建筑大学学报（社会科学版).—2010,（3).—257～263

3720 清代新疆"满城"时空结构研究/朱永杰，韩光辉//满族研究.—2010,（3).—49～53+69

3721 满人入主中原前之都城/皮耶罗·克拉蒂尼，张翼//沈阳故宫博物院院刊.—2011.—465～472

3722 从驻防满城到里城大院——开封驻防满城的变迁/黄治国//中央民族大学学报（哲学社会科学版).—2012,（6).—94～99

3723 黑龙江省的少数民族地名/韩明武//人才资源开发.—2012,（5).—104

3724 黑龙江疑似汉语的民族语地名/陈士平//黑龙江史志.—2012,（2).—35

3725 吉林地区满语地名研究概述/吴金林，林德春//赤峰学院学报（汉文哲学社会科学版).—2012,（8).—30～32

3726 民国以前文献中伊通河流域满语地名研究/杨永旭，李佳静//牡丹江师范学院学报（哲学社会科学版).—2012,（6).—50～52

3727 顾太清祖籍汪钦舆地及语义考/张淑蓉，徐晓春//东北史地.—2013,（1).—67～71

3728 关于《"哈尔滨"地名考释》中一处分析的商兑/王洁//哈尔滨学院学报.—2013,(5).—115~116

3729 萨尔浒城与"萨尔浒之役"/张红//中华魂.—2013,(6).—46~48

十二、医药、科技

（一）医药

3730 满族的箭与马/李文刚//辽宁大学学报（哲学社会科学版).—1982,（1).—48~50

3731 满族先天性色觉异常的调查/韩向君,姜兴杰,段秀吉,张新锋,宿宝贵//遗传.—1991,（5).—18

3732 满族药膳与食疗经验/于永敏//满族研究.—1992,（2).—76~79

3733 满族医学述略/滕绍箴//清史研究.—1995,（3).—62~68

3734 清初满族预防天花史证/宋抵//满族研究.—1995,（1).—21~23

3735 内蒙古自治区满族Duffy血型分布/翟晓萍,王广结,王钢,张俊玲,尚锦青,王莉萍,车淑红//中国输血杂志.—2000,（2).—77

3736 满族药膳与食疗/于永敏//中国民族报.—2001.2.9

3737 萨满教与满族早期医学的发展/王平鲁//满族研究.—2002,（3).—80~84

3738 满族萨满跳神治病机理研究/宋抵//萨满文化辩证——国际萨满学会第七次学术讨论会论文集：大众文艺出版社.—2004.—330~340

3739 满族医药文化遗产的抢救与开发/刘彦臣//满语研究.—2004,（2).—123~127

3740 抢救满族医药文化遗产的意义/刘彦臣,刘贵富//满族研究.—2005,（1).—73~78

3741 中国北方地区汉族、满族成年人耳纹特征分析/刘军,靖静,孟军,李宇//广东公安科技.—2006,（4).—6~7+12

3742 满族传统疗法撷萃/崔勿骄,王姝琛//世界中西医结合杂志.—2007,（1).—8~10

3743 满族医药及其特点浅析/崔勿骄//中国社区医师（综合版).—2007,（6).—11

3744 满族医药文化研究述略/马长春//中医药文化.—2007,（2).—20~22

3745 "关东之宝"人参与满族民间常用药物/陈凤芝,崔勿骄,卞艳君//吉林中医药.—2009,（10).—914~915

3746 满族传统医药的传承与应用/马万学,刘玉忠//满族研究.—2009,（2).—115~117

3747 满族医药文化传承之路怎么走/王玲玲//健康报.—2010.8.11

满学研究论文索引（下）

3748 萨满文化与佟氏药谱疗术/刘红彬，韩东//满族研究.—2011,（1）.—34～39

3749 在满族博物馆了解萨满医药/张瑞贤，张卫//中国中医药报.—2011.2.21

3750 撩开满医药神秘的面纱/爱新觉罗·恒绍，李晓峰//健康报.—2012.12.12

3751 满族养生保健简述/刘淑云//中国民族医药杂志.—2012,（6）.—61～64

3752 满族养生保健特色撷珍/马长春//中医药文化.—2012,（4）.—41～42

3753 满族医药发展驶入快车道/宋玉荣//健康报.—2012.6.20

3754 满族医药文化中治疗妇儿科等疾病的常用单方与复方/陈凤芝//吉林中医药.—2012,（1）.—99～101

3755 宋玉荣:钟情"满族医药"三十年/刘志学//中国医药导报.—2012,（19）.—2～4

3756 振兴满族医药/丛晓明//丹东日报.—2012.1.7

3757 白山黑水间的满族医药文化/王扦婧//丹东日报.—2013.6.14

3758 黑龙江富裕县三家子村满族成人头面部特征/王霞，温有锋，刘宇卓，杨洋，曹芳//中国解剖学会2013年年会论文文摘汇编.—2013.7.25.—17

3759 黑龙江省富裕县三家子村满族的容貌特征/温有锋，杨洋，王霞，席焕久//中国解剖学会2013年年会论文文摘汇编.—2013.7.25.—17～18

3760 黑龙江省三家子村满族的容貌特征/温有锋，杨洋，王霞，席焕久//解剖学报.—2013,（6）.—851～855

（二）科技

3761 清代满族数学史概述/黄荣肃//北方文物.—1991,（1）.—71～75+80

3762 黑龙江省满族、鄂伦春族备解素因子（B_f）遗传多态性的检测/董显辉，周令望，许永莉，于凤腾，于维汉，吉田孝人，德永胜士//哈尔滨医科大学学报.—1993,（6）.—455～457

3763 康熙和在华西洋传教士的科学技术活动/晏路//满族研究.—1993,（3）.—17～25

3764 清代盛京地区容积单位述略/程大鲲//满族研究.—1999,（1）.—44～45

3765 关于我国满文信息处理现代化技术方面的进展/嘎日迪，赛音，张主//满语研究.—2002,（2）.—26～29

3766 女真人与铁器/曹文奇，杨秀//满族研究.—2002,（2）.—45～53

十二、医药、科技

3767 叶赫地区古建筑的文化解析/林德春//满族研究.—2004,(3).—71~74

3768 "满族说部"档案室数字化管理初探/孙莹//兰台内外.—2005,(6).—65

3769 浅谈满汉交流中的满族手工业变迁/黄新亮,李桂香,马竞淞//哈尔滨学院学报.—2008,(3).—6~9+16

3770 后金冶铁、炒金炼银及烧造业遗址考证——兼论建州女真手工业的发展/赵维和,王丽//满族研究.—2009,(3).—29~35

3771 史诗《乌布西奔妈妈》和满族古代的航海/戴光宇//满族研究.—2009,(1).—73~79

3772 基于多媒体技术的满族非物质文化遗产数字化保护应用研究/代俊波//图书馆学研究.—2013,(14).—31~34+40

十三、各类人才、民族人物

3773 满族翻译家达海与满文/赵志辉//学习与探索.—1980,(3).—103+143

3774 才华出众的满族词人——纳兰性德/降大任//中国民族.—1981,(3).—45

3775 满族学者西清和《黑龙江外记》/谷风//黑龙江文物丛刊.—1981,(1).—93~94

3776 辛亥革命时期满族革命志士血染山河/赵展//中央民族学院学报.—1981,(3).—17~18

3777 满族史上的两位语言学家/季永海//中国民族.—1984,(10).—43

3778 清代满族词人纳兰性德/阎崇年//学习与研究.—1984,(6).—47~48

3779 试论满族词人纳兰性德/宫春临//荆州师专学报.—1984,(1).—41~48

3780 第一个满汉文化融合的代表人物——纳兰性德/李德//满族研究.—1985,(2).—25~32

3781 满族爱国将领彭春/何溥滢//满族研究.—1985,(2).—60~64

3782 满族著名书法家永理/念奴//满族研究.—1985,(1).—96

3783 满族作家关沫南论/周玲玉//民族文学研究.—1985,(4).—66~74

3784 永套及其《神清室诗钞》——满族作家论之一/朱眉叔//满族研究.—1985,(2).—33~37+13

3785 昭槤与《啸亭杂录》/筒声//满族研究.—1985,(1).—55~61+70

3786 北京颐和园的设计者——庆宽/吴润令//满族研究.—1986,(1).—30

3787 敦煌之恋——记满族著名敦煌艺术研究家常书鸿教授/穆静//满族研究.—1986,(1).—77~80

3788 麟庆及其《鸿雪因缘图记》/张佳生//满族研究.—1986,(1).—31~37

3789 清代满族作家和邦额与《夜谈随录》/李红雨//满族研究.—1986,(1).—43~47

3790 试论康熙在热河的学术成就/杨天在,布尼阿林//满族研究.—1986,(1).—71~76

3791 松筠直谏不私亲子/金宝森//满族研究.—1986,(1).—30

3792 不仅仅为了满族——记我国唯一的满语研究员穆晔骏/李晓晖//中国民族.—1987,(6).—34~35

3793 给民间口头文学以"第二次生命"——记满族故事家傅英仁/马名超//文艺评论.—1987,(4).—78~82

十三、各类人才、民族人物

3794 关于端木蕻良/钟耀群//满族研究.—1987,(2).—52~54

3795 杰出的封建君主——康熙(上)/王思治//满族研究.—1987,(1).—12~19

3796 杰出的封建君主——康熙(下)/王思治//满族研究.—1987,(2).—16~27

3797 杰出的满族文艺战士——记诗人、画家金剑啸/关沫南//满族研究.—1987,(2).—50~51

3798 论满族作家李云德的创作道路/王建中//满族研究.—1987,(3).—53~58

3799 论满族作家舒群的文学创作/董兴泉//满族研究.—1987,(4).—57~63

3800 马长海及其诗歌/夏石//满族研究.—1987,(4).—41~46

3801 满族故事家徐仲武/白希智//满族研究.—1987,(4).—84~86

3802 满族艺术家、革命战士金剑啸同志/姜椿芳//满族研究.—1987,(1).—65

3803 明珠论/阎崇年//满族研究.—1987,(1).—20~27

3804 女词人沈宛与纳兰成德/赵秀亭//满族研究.—1987,(4).—33~40

3805 歌儿从心底飞出——记满族作曲家傅庚辰/穆静//满族研究.—1988,(3).—77~78

3806 纳兰成德改名初探/马熙运//满族研究.—1988,(2).—57~60

3807 纳兰性德研究札记二则/李江峰//满族研究.—1988,(1).—18~21

3808 努尔哈赤与纳林布录/张玉兴//满族研究.—1988,(2).—14~20

3809 清女词人沈宛——纳兰成德妾/姜书阁//满族研究.—1988,(2).—54~56

3810 为有源头活水来——孙恩同及其山水画/念奴//满族研究.—1988,(4).—86

3811 一个满族作者的反思/关沫南//满族研究.—1988,(4).—18~20

3812 志锐初论/周轩//满族研究.—1988,(4).—49~54

3813 剪纸艺术家陈志农及其新剪纸/吴润令//满族研究.—1989,(1).—64

3814 清初满族的军事家图海/文韬,郑明昭//满族研究.—1989,(1).—37~42

3815 清代满族妇女诗人概述/张佳生//满族研究.—1989,(1).—80~86

3816 为满语事业而献身——缅怀吾师穆晔骏/黎艳平//满语研究.—1989,

(2).—136～137

3817 魂系满语——我国第一位满语研究员穆晔骏评传/宋歌//满语研究.—1990,(2).—5～12

3818 莲花落艺人抓髻赵/傅耕野//满族研究.—1990,(4).—89～96

3819 唐韵笙的艺术道路/宁殿弼//满族研究.—1990,(2).—77～84

3820 清代满族数学人才传略/黄荣肃//黑龙江民族丛刊.—1991,(1).—66～69

3821 清代满族水利专家齐苏勒/冯立升//中国科技史料.—1991,(3).—31～37

3822 清代满族著名画家阿尔禅和他的《饮虎图》/马恩巨//满族研究.—1991,(4).—72～73

3823 岳端与"南洪北孔/陈桂英//满族研究.—1991,(4).—55～60+77

3824 爱新觉罗·溥铨先生及其书法/李德//满族研究.—1992,(4).—74

3825 鄂尔泰二三事/王佐贤//满族研究.—1992,(3).—96

3826 满族漫画家何韦/尚海//满族研究.—1992,(3).—65

3827 满族指画家林彦博/傅耕野//满族研究.—1992,(1).—61～62+82

3828 文物收藏家、鉴赏家桂月汀/赵书//满族研究.—1992,(4).—96

3829 著名的满族骨伤科专家杜自明/杜琼书，周锡银//满族研究.—1992,(3).—32～34

3830 关于满族女词人顾太清的几个问题/赵伯陶//社会科学辑刊.—1993,(1).—142～146

3831 觉罗崇恩与《香南居士集》/于月华//满族研究.—1993,(1).—65～69

3832 辽东文士多隆阿与《慧珠阁诗钞》/邓伟//满族研究.—1993,(3).—61～69

3833 满汉友谊之绝唱——纳兰性德与顾贞观的交游及酬唱/刘德鸿//满族研究.—1993,(4).—32～42

3834 满族佛学大师宗月/赵书//满族研究.—1993,(3).—16

3835 满族诗人岳端及其诗歌/宋戈//满族研究.—1993,(3).—55～60

3836 满族学者唐向荣先生及其对辛亥滦州起义的研究/陈述//满族研究.—1993,(4).—22～29

3837 满族演员舒耀瑄/赵书//满族研究.—1993,(4).—5

3838 清末政坛中的肃亲王善耆/白杰//满族研究.—1993,(2).—36～39

十三、各类人才、民族人物

3839 清香留字内 到处觉春融——满族书法家王佐贤/李含芳//满族研究.—1993,(2).—85

3840 曲艺弦师程树棠/赵书//满族研究.—1993,(3).—74

3841 相声表演艺术家侯宝林/青鸢//满族研究.—1993,(2).—80

3842 一文一武多隆阿/高兴瑞//满族研究.—1993,(2).—69

3843 以春天命名的满族女词人西林春——读太清词札记/张菊玲//满族研究.—1993,(3).—70~74

3844 与民同乐,其乐无穷——悼念满族艺术大师侯宝林/邓伟//满族研究.—1993,(2).—81~82

3845 恒龄与《椿园诗残篇》/孙玫//满族研究.—1994,(2).—45~50

3846 皇太极与宸妃——皇太极死因之推测/单彤//满族研究.—1994,(2).—28~30

3847 满族宫廷画家唐岱/王洪源//满族研究.—1994,(3).—69~71

3848 满族书法家铁保/江南//满族研究.—1994,(3).—76

3849 满族知州喜禄与"唐山千人谋反案"/向荣//满族研究.—1994,(4).—36~37

3850 女诗人多敏与《逸情阁遗诗》/于月华//满族研究.—1994,(2).—51~55

3851 清开国史上的三个巴尔达齐/白杰//满族研究.—1994,(4).—16~18

3852 史学家金家瑞/赵书//满族研究.—1994,(3).—75

3853 郑板桥与满族名人的交往/傅耕野//满族研究.—1994,(3).—72~75

3854 著名诗人、画家朱孝纯/杨云//满族研究.—1994,(1).—86

3855 北方诗人恒月山/高兴瑞//满族研究.—1995,(1).—7

3856 德珲如弃爵从艺/姑书//满族研究.—1995,(1).—78

3857 福存及德普、德沛/高兴瑞//满族研究.—1995,(1).—87

3858 工书善诗锡厚安/高兴瑞//满族研究.—1995,(4).—26

3859 贵昌及其《游猎诗》/高飞//满族研究.—1995,(1).—16

3860 敬一主人高塞/高兴瑞//满族研究.—1995,(2).—21

3861 满族女诗人纳兰氏/红萼//满族研究.—1995,(2).—24

3862 满族诗人永恩/方舟//满族研究.—1995,(2).—83

3863 启功先生及其书画/李德//满族研究.—1995,(4).—80~83

3864 清世祖福临及其书画艺术/王洪源//满族研究.—1995,(1).—75~76

3865 诗人词家承子久/高兴瑞//满族研究.—1995,(4).—71

满学研究论文索引（下）

3866 天才豪宕竹坡／高兴瑞／／满族研究．—1995，（3）．—8

3867 图鞮布／高兴瑞／／满族研究．—1995，（2）．—76

3868 文冲与《一飞诗钞》／邓伟／／满族研究．—1995，（4）．—61～67

3869 郑燮与满族人士的翰墨缘／张菊玲／／中央民族大学学报．—1995，（1）．—43～47

3870 胡佩衡及其山水画／嫘然／／满族研究．—1996，（2）．—68

3871 满族剪纸艺术家傅作仁／张广熙／／满族研究．—1996，（3）．—86～90

3872 浅论爱新觉罗氏诗人群／高兴瑞／／满族研究．—1996，（2）．—56～60

3873 清初满族大学士马齐／邓庆／／满族研究．—1996，（3）．—42～45

3874 中国第一个女芭蕾舞蹈家——裕容龄／霓裳／／满族研究．—1996，（1）．—12

3875 爱新觉罗·奕譞及其诗作／邓伟／／满族研究．—1997，（1）．—53～58

3876 承德抗战中的满族英烈／马熙群／／承德民族师专学报．—1997，（3）．—62～63

3877 满族诗人淳颖／高兴瑞／／满族研究．—1998，（3）．—69

3878 清初杰出的女政治家——孝庄文皇后／李鸿彬／／满族研究．—1998，（2）．—48～53

3879 清代满族诗人铁保／李金希／／民族文学研究．—1998，（3）．—41～48

3880 清中期著名诗人、学者裕瑞／秋心／／满族研究．—1998，（4）．—68

3881 诗与生命：燃烧的激情——满族诗人中流及其作品／佟明光／／民族文学研究．—1998，（1）．—19～22

3882 东瞻东轩兄弟诗人／高兴瑞／／满族研究．—1999，（3）．—96

3883 康熙、雍正、乾隆三帝与西方传教士画家／晏路／／满族研究．—1999，（3）．—73～78

3884 满族诗人鹤算／姑好／／满族研究．—1999，（3）．—9

3885 满族诗人徐元梦／宛如／／满族研究．—1999，（3）．—78

3886 满族作家马加／白长青／／满族研究．—1999，（1）．—73～77

3887 浅谈萨哈廉／王洁／／满族研究．—1999，（4）．—70～73

3888 完颜亮及其诗词／高兴瑞／／满族研究．—1999，（1）．—5

3889 "陶瓷神人"唐英／李德／／满族研究．—2000，（2）．—88

3890 从"满族情结"近观老舍／王卫东／／全国新书目．—2000，（2）．—33

3891 从几件题本看孝庄文皇后的晚年生活／唐英凯／／满族研究．—2000，

十三、各类人才、民族人物

(3).—34~41

3892 论舒尔哈齐/刘德鸿//满族研究.—2000,(1).—38~47

3893 满族第一名旦/王晓飞//吉林日报.—2000.11.14

3894 满族画家张希华及其油画《努尔哈赤与大妃》/张广熙//满族研究.—2000,(2).—94~95

3895 舒尔哈齐述评/单铃//满族研究.—2000,(3).—29~33

3896 心灵的撞击——满族油画家广廷渤评介/张广熙//满族研究.—2000,(3).—87~90

3897 以全身心拥抱诗与生活的诗人——中流论/佟明光//满族研究.—2000,(2).—79~84

3898 正蓝旗主德格类又名费扬古及其史事考/杜家骥//满族研究.—2000,(4).—24~25

3899 橄榄色的情韵——谈满族诗人王鸣久小说创作的得与失/康启昌//满族研究.—2001,(3).—71~73

3900 康熙评价絮语/孟古托力//满语研究.—2001,(1).—131~132

3901 论清代满族女词人顾春及其《东海渔歌》/李杰虎//河南社会科学.—2001,(4).—127~129

3902 满族作家唐鲁孙事略考/李凝祥//满族研究.—2001,(1).—81~82

3903 清代作家佟世思/高兴瑶//满族研究.—2001,(1).—76~80

3904 散文世界的双子星座——鲁野、康启昌论/佟明光//满族研究.—2001,(3).—64~70

3905 直挂云帆济沧海——当代满族学人关纪新的学术轨迹/尹虎彬//满族研究.—2001,(3).—58~63

3906 论清太祖努尔哈赤与族弟阿敦/赵维和//满族研究.—2002,(4).—87~91

3907 历相三朝的满族者宿——马齐宦海生涯的若干特点/杨珍//北京社会科学.—2003,(3).—126~133

3908 乾隆皇帝评述/周远廉//满族研究.—2003,(1).—49~55

3909 试论建州右卫王杲/赵维和//满族研究.—2003,(4).—44~47

3910 鳌拜与明珠关系考证/陈晓东//满族研究.—2003,(2).—54~59+71

3911 寓文化人格于青山绿水——诗人佟明光论/康启昌//满族研究.—2003,(3).—41~49

满学研究论文索引（下）

3912 早期古文字学者——鲍氏父子/戴鑫英（巴图)//满族研究.—2003,（4).—86～87

3913 对清末东北文学有特殊贡献的儒将铭安/毕宝魁//满族研究.—2004,（2).—60～62

3914 怀念·景仰·继承——沉痛悼念女真满学一代大师金启孮先生/穆鸿利//满族研究.—2004,（4).—4～7

3915 深切怀念敬爱的导师金启孮先生/白凤岐//满族研究.—2004,（4).—10～11

3916 深切怀念满学大师金启孮所长/何溥滢//满族研究.—2004,（4).—8～9

3917 深切追念金启孮先生/张佳生//满族研究.—2004,（4).—1～3

3918 近代北京的满族小说家蔡友梅/雷晓彤//满族研究.—2005,（4).—108～116

3919 清代第一位宗室诗人高塞/筱声//满族研究.—2005,（3).—40

3920 追念满学与俗文学大家关德栋教授/张佳生//满族研究.—2005,（4).—31～35

3921 风云变幻时代的旗籍作家穆儒丐/张菊玲//满族研究.—2006,（4).—103～116

3922 简述清代国师章嘉·若必多吉对满族文化的贡献/李丽//青海民族学院学报.—2006,（1).—74～78

3923 老舍研究述评（1994-2005)/汤景泰//满族研究.—2006,（4).—117～123

3924 论清代宗室诗人永忠的生平与创作/吴雪梅//满族研究.—2006,（2).—97～105

3925 满族故事家马亚川和女真萨满神话/黄任远//佳木斯大学社会科学学报.—2006,（4).—66～68

3926 满族剪纸的"活化石"/刘仲元,朴尚春//通化日报.—2006.1.14

3927 以鲁迅为文学向导的科尔沁作家之一:满族作家江浩个案分析/徐文海//内蒙古民族大学学报（社会科学版).—2006,（6).—10～13

3928 常安与其词/鲁渝生//满族研究.—2007,（1).—72

3929 多隆阿生平考略/毕宝魁//满族研究.—2007,（1).—73～75+85

3930 灵魂与灵魂密语的繁富人生——从纳兰性德诗《西苑杂咏和荪友韵》看其人格理想/薛梅//满族研究.—2007,（3).—108～113

十三、各类人才、民族人物

3931 穆儒丐的晚年及其它/张菊玲//满族研究.—2007,(3).—114~118

3932 宗室诗人博尔都/鲁渝生//满族研究.—2007,(3).—33

3933 阿英嘎与满族自治县/张迪//满族研究.—2008,(2).—25~28

3934 北海留遗籍,文章辟草莱——论清代第一位满族诗人鄂貌图/雷晓彤//民族文学研究.—2008,(2).—122~127

3935 和邦额与《夜谭随录》/筛声//满族研究.—2008,(2).—70

3936 开明满族政治家文祥研究/李俊香//山东师范大学.—2008.4.20

3937 满族人才论/余梓东,付长伟//满族研究.—2008,(3).—39~47

3938 穆儒丐与王度庐/筛声//满族研究.—2008,(2).—115

3939 清初汉军夏成德简析/孙守朋//满族研究.—2008,(1).—30~34

3940 清代中期的宗室词人/黄振泽//满族研究.—2008,(1).—68~73

3941 他与满族剪纸相伴一生/杨金会,孙阿玲,蒋金萍//锦州日报.—2008.3.27

3942 王钟翰:清史满族史学界泰斗/颜九红//湘潮.—2008,(5).—41~45

3943 清开国重臣何和礼/李学成//满族研究.—2009,(2).—31~36

3944 清武勋王战殁史事考/张建//满族研究.—2009,(2).—71~74

3945 舒尔哈齐死因考/陈永祥//满族研究.—2009,(2).—61~70

3946 晚清民国的满族皮黄剧作家述略/谷曙光//民族文学研究.—2009,(1).—55~61

3947 敖拉·昌兴与满文/吴刚//满语研究.—2010,(2).—101~104

3948 八旗满洲第一位诗人鄂貌图考论/张佳生//满族研究.—2010,(2).—91~95

3949 关于当代满族说部传承人的调查/高荷红//黑龙江民族丛刊.—2010,(2).—143~147

3950 嘉道时期的"清官"玉麟/赵欣//满族研究.—2010,(2).—27~31

3951 清初满汉融合的典范——满族儒臣徐元梦述论/夏柯//前沿.—2010,(6).—97~100

3952 褚墨藏珍 传承文明——记满族收藏家李巨炎/杜立强//今日民族.—2011,(4).—58~59

3953 胡松华(满族)/梁黎//中国民族.—2011,(7).—27

3954 酷爱"天书"的满族收藏家——中国少数民族文字书法收藏第一人李巨炎的收藏人生/于波//中国民族.—2011,(5).—62~64

满学研究论文索引（下）

3955 栾恩杰（满族）/梁黎//中国民族.—2011,（7）.—31

3956 满族通赵朝勋/施晓亮，施哲莹//中国民族报.—2011.7.12

3957 为"绝学"做最后的守望——访满族收藏家李巨炎/依孜//民族论坛.—2011,（7）.—17～19

3958 "手挽颓风大改良"——关于清末满族英杰汪笑侬、英敛之/关纪新//甘肃社会科学.—2012,（1）.—89～92

3959 "为人间；留取真眉目"——清代满族文学家奕绘与太清/关纪新//汉语言文学研究.—2012,（4）.—96～103

3960 达海/韩毅，金悦//辽宁省社会科学普及系列丛书9——辽海讲坛·第九辑（历史名人传）：辽宁教育出版社.—2012.8.—219～228

3961 关向应：从满族底层走出来的革命家/余音//文史天地.—2012,（6）.—21～24

3962 郭美兰：清代边疆满文档案的整理者和研究者/马大正//西部蒙古论坛.—2012,（1）.—43～46+127

3963 辉南县辉发满族剪纸传承人——徐贵库//黄河之声.—2012,（14）.—118～119

3964 康熙内廷刻字匠梅玉凤事迹补说/郭福祥//紫禁城.—2012,（10）.—42～43

3965 临渊履薄、朝不保夕到柳暗花明、死里逃生——满族官员崇谦在云南辛亥革命中的命运/潘先林//满族研究.—2012,（1）.—25～33

3966 满族词家郑文焯生平三考/杨传庆//满族研究.—2012,（4）.—84～89

3967 满族开明派与晚清现代化——以端方为考察中心/王爱云//理论与现代化.—2012,（2）.—97～102

3968 纳兰性德/徐光荣//辽宁省社会科学普及系列丛书9——辽海讲坛·第九辑（历史名人传）：辽宁教育出版社.—2012.8.—504～515

3969 努尔哈赤/佟悦//辽宁省社会科学普及系列丛书9——辽海讲坛·第九辑（历史名人传）：辽宁教育出版社.—2012.8.—161～172

3970 清代女词人顾太清研究综述（2010～2012）/张健//语文学刊.—2012,（8）.—66～67

3971 清代盛京满族商人张又龄与朝鲜李晚秀兄弟/张杰//满学论丛[第三辑]：辽宁民族出版社.—2012.12.—60～71

3972 请杀荣禄的"满洲名士"金息侯//东方收藏.—2012,（3）.—125～126

十三、各类人才、民族人物

3973 荣禄:晚清的最后一位满族大佬/王学斌//文史天地.—2012,(10).—14~18

3974 萨布素研究/孙志鹏//长春师范学院.—2012.6.1

3975 忆满族老作家舒群/赵郁秀//满族文学.—2012,(5).—73~78

3976 中华全民抗战期间的东北籍满族作家——关于舒群、李辉英、马加、关沫南等/关纪新//重庆师范大学学报(哲学社会科学版).—2012,(5).—82~89

3977 "惊沙一任漫天舞"——清代中期满族文学家英和/关纪新//满语研究.—2013,(1).—108~111

3978 长白杜鹃留余香——满族文化学者于鹏翔追记/朱丽萍,高尚//群言.—2013,(11).—24~27

3979 当代港台及海外满族作家素描/关纪新//中国文化研究.—2013,(2).—38~43

3980 东北解放战争中的满族将领/周海,杜成安//满族研究.—2013,(2).—31~36

3981 东北作家群中的满族作家/范庆超//满族研究.—2013,(4).—73~76+81

3982 军都将军佟达现身记/张其卓//满族文学.—2013,(4).—105~107

3983 黑龙江省三家子村满语传承人调查研究/高荷红,石君广//满语研究.—2013,(1).—65~74

3984 回忆学乌云——锡克特里家族第十二代萨满/石光华//春草集(二)——吉林省博物馆协会第二届学术研讨会论文集.—2013.8.26.—302~305

3985 康熙朝著名满文翻译家和素/张兆平//故宫博物院院刊.—2013,(4).—143~150+162

3986 满族民间故事家金庆凯及其个性讲述探析/詹娜//满族研究.—2013,(2).—105~110

3987 浅议满族词人纳兰性德/孙明//吉林师范大学学报(人文社会科学版).—2013,(3).—43~45

3988 清代词人纳兰性德其人其事/吴伯娅//中华魂.—2013,(14).—30~32

3989 清末满族疆臣长庚研究/梁国东//兰州大学.—2013,(11).—66

3990 顺康雍时期的八旗诗人研究/严佳//上海师范大学.—2013,(2).—199

十四、书评、会议综述

3991 满族通史/关捷//辽宁省哲学社会科学获奖成果汇编（2003－2004年度).—2007,（1).—80～87

3992 爱莱甘特《满族》大朏//读书.—1982,（10).—127～128

3993 《满族简史》评介/刘小萌//史学史研究.—1983,（2).—23～24

3994 中国满族文学史学术讨论会述要/任惜时//社会科学辑刊.—1983,（1).—147～149

3995 满族的关外三都//满族研究.—1985,（1).—97

3996 清初的关外三陵//满族研究.—1985,（2).—97

3997 《满语读本》序/孙英年//满族研究.—1986,（3).—66

3998 满族文学艺苑中的一朵奇葩——《尼山萨满》评介/贺灵//满族研究.—1986,（1).—48～53

3999 《满文自学入门》序/端木蕻良//满族研究.—1987,（1).—66

4000 本溪县满族考察报告/李林//满族研究.—1987,（2).—71～76

4001 让"德布达理"唱下去——《当代满族短篇小说选》序言/关纪新,王科//文学自由谈.—1987,（6).—92～94

4002 北京郊区满族的风俗画和断代史——评《北京郊区的满族》/步瀛//满族研究.—1988,（2).—66～72

4003 关于本溪满族历史及现状的调查报告/杨发清//满族研究.—1988,（3).—35～39

4004 荟萃清代满族珍馐 展现清宫御膳原貌——《满族食俗清宫御膳》序言/戴逸,吕英凡//满族研究.—1988,（3).—67～68

4005 满族文学宝库的一颗东珠——评爱新觉罗·乌拉熙春的《满族古神话》/马学良//满族研究.—1988,（3).—40～41

4006 清代文坛的一支生力军——读《清代满族作家诗词选》/汤晓青//民族文学研究.—1988,（1).—82～86

4007 为民族英雄立传 谱传奇小说新篇——评长篇小说《努尔哈赤传奇》/王建中//满族研究.—1988,（4).—36～39

4008 有这个民族在,会没有他们的歌吗?——《当代满族短篇小说选》序言/王科,关纪新//满族研究.—1988,（4).—13～17+22

4009 《崇德三年满文档案译编》介绍/肖可//满语研究.—1989,（1).—31

4010 《简明赫哲语汉语对照读本》介绍/肖可//满语研究.—1989,（1).—143

十四、书评、会议综述

4011 《简明满汉辞典》介绍/肖可//满语研究.—1989，(1).—20

4012 《满族民歌集》序/胡絜青//满语研究.—1989，(1).—87

4013 《满族文学史》序/关在汉//满族研究.—1989，(2).—53~54

4014 刘显之先生与《成都满蒙族史略》/马协弟//满族研究.—1989，(1).—43~47

4015 满文书影集锦——"尼山萨满画像"//满族研究.—1989，(1).—42

4016 满族文学研究的一部力作——评《英和与奎照》/王若//社会科学辑刊.—1989，(4).—161~162

4017 满族研究园地的一朵新葩——简评《满族家谱选编》/张涛//社会科学辑刊.—1989，(5).—156~157

4018 赞《满语研究》/黄焱//满语研究.—1989，(2).—2

4019 "首届满族文化学术研讨会"综述/周凤敏//满族研究.—1990，(1).—12~17

4020 《现代满语八百句介绍》/王岸英//满语研究.—1990，(1).—135

4021 《现代满语研究》介绍/王岸英//满语研究.—1990，(2).—57

4022 回顾与展望——纪念满族研究创刊五周年//满族研究.—1990，(4).—3~4

4023 近年来刊行的关于满语文论著/石桥崇雄，肖可//满语研究.—1990，(2).—131~134

4024 开拓的成果——读《满族文学史》第一卷/于植元//社会科学辑刊.—1990，(3).—156~158

4025 满文书影集锦——《汉满篆文御制盛京赋》/猗兰//满族研究.—1990，(1).—7

4026 满文书影集锦——《清文总汇》/瀛生//满族研究.—1990，(3).—17

4027 满族民间文艺的瑰宝——读《满族民歌集》/李秀英//黑龙江民族丛刊.—1990，(4).—99~100

4028 满族文化研究管窥——首届满族文化学术研讨会综述/袁肠//社会科学辑刊.—1990，(1).—151~156

4029 评《满族大辞典》/陈光崇//社会科学辑刊.—1990，(6).—97

4030 一部珍贵的满族文学史料/雨水//社会科学辑刊.—1990，(1).—162

4031 一九九〇年清史国际学术讨论会综述/李云霞//满族研究.—1990，(4).—12~15

满学研究论文索引（下）

4032 《满族文学精华》序论/朱眉叔//社会科学辑刊.—1991,（5）.—143～149

4033 《清史满语辞典》介绍/王岸英//满语研究.—1991,（1）.—58

4034 从《满族文化》看清史研究之一斑/何丽，李久琦//清史研究.—1991,（1）.—50～52

4035 弘扬民族文化 繁荣学术研究——满语研究创刊五周年座谈会侧记/文扬//满语研究.—1991,（1）.—1～2

4036 满族传统体育学术研讨会综述/杨清源，王胜利，铁男//体育文史.—1991,（6）.—13～15

4037 满族风情——陈学良版画选刊/陈学良//满族研究.—1991,（2）.—97

4038 满族民歌中的民族历史生活——读《满族民歌集》札记/李红雨//中央民族学院学报.—1991,（1）.—71～75

4039 满族民歌中的民族心理素质——读《满族民歌集》札记/李红雨//满族研究.—1991,（2）.—68～71+67

4040 满族认同的价值趣向——评《孤军》/阎崇年//清史研究.—1991,（3）.—43～44+47～48

4041 十年耕耘 一朝收获——读《清代满族作家文学概论》/赵志忠//民族文学研究.—1991,（3）.—46～49

4042 一项填补空白的丰硕成果——《满族文学史》评价/隋书今//学习与探索.—1991,（6）.—142～143

4043 《沈阳满族志》介评/夏至//社会科学辑刊.—1992,（1）.—96

4044 读李燕光、关捷的新著《满族通史》/戴逸，李鸿彬//清史研究.—1992,（2）.—90～92

4045 萨满教研究国际协会（ISSR）《业务通讯》第一期部分摘译/于碟//满族研究.—1992,（3）.—94～96

4046 《满洲语语音研究》/李琳（王高）//满族研究.—1993,（3）.—96

4047 《清代满族风俗史》略评/贾星研//社会科学辑刊.—1993,（2）.—73

4048 《清代满族诗词十论》/张佳生//满族研究.—1993,（4）.—91

4049 古老民族壮美生活的画卷——《清代满族风俗史》评介/徐彻//社会科学辑刊.—1993,（5）.—156～157

4050 满族文学研究领域的一部力作——评《清代满族诗词十论》/张菊玲//满族研究.—1993,（4）.—30～31

十四、书评、会议综述

4051 评《满族历史与文化简编》凡言//满族研究.—1993，(2).—10～12

4052 勤于考察勇于探索的结晶——《满族萨满教研究》评介/满都尔图//民族研究.—1993，(3).—15～17

4053 萨满文化研究的新成果——评《满族萨满跳神研究》陈思玲//东北师大学报.—1993，(4).—92～93

4054 探索与创新——读孙文良先生《满族崛起与明清兴亡》郑瑞侠//社会科学辑刊.—1993，(6).—151～152

4055 一部满族文学故事的背景——《尼山萨满传》李学智，黄明//民族文学研究.—1993，(4).—44～48

4056 '94中国满族音乐文化学术研讨会侧记/凌瑞兰//乐府新声（沈阳音乐学院学报).—1994，(4).—3～6

4057 《满族大辞典》修订论/俞慈韵//图书馆学研究.—1994，(3).—73～75

4058 《神秘的清宫萨满祭祀》序/乌丙安//满族研究.—1994，(4).—44～45

4059 《现代满族英烈传》李琳稿//满族研究.—1994，(3).—96

4060 《现代满族英烈传》序/关山复//满族研究.—1994，(2).—9～10

4061 德国柏林国家图书馆现存满文书简记（一）/关德栋//满族研究.—1994，(3).—49～53

4062 功在青史岂可忽炎黄之声不可分——"'94中国满族音乐文化学术研讨会"综述/凌瑞兰//人民音乐.—1994，(Z1).—30～31

4063 黑龙江省首届满—通古斯语言、文化学术研讨会综述/心宇//满语研究.—1994，(1).—136～139

4064 继往开来—前程似锦——1994年北京满学会学术年会纪要/北原//满语研究.—1994，(1).—140～141

4065 民族文学光辉的再现——读《满族文学精华》张佳生//民族文学研究.—1994，(3).—21～24

4066 评《清代满族诗词十论》柳湖//民族文学研究.—1994，(4).—72～75

4067 评杨锡春著《满族风俗考》宋德胤//民俗研究.—1994，(4).—102～103

4068 日本神田信夫教授评《沈水集》与《满族历史与文化简编》神田，信夫//满族研究.—1994，(2).—96

4069 我读《丹东满族》张佳生//满族研究.—1994，(4).—40～41

4070 我读《清代满族诗词十论》金启综//中国图书评论.—1994，(3).—66～67

满学研究论文索引（下）

4071 一部研究明清兴亡史的力作——《满族崛起与明清兴亡》评介/王思治，刘凤云//清史研究.—1994,（1).—89～91

4072 "纪念满族命名360周年学术讨论会"综述/伊澈//满族研究.—1995,（3).—67～69

4073 《满语口语研究》介绍/方丁//满语研究.—1995,（2).—137

4074 《满族的历史与生活——三家子屯调查报告》德译本序言/齐木德·道尔吉//满族研究.—1995,（2).—94～95

4075 《满族诗丛》诗序二章/康启昌//满族研究.—1995,（4).—68～71

4076 黑龙江省满语研究所与阿尔泰学界著名专家座谈会纪要/金毅//满语研究.—1995,（2).—11～16

4077 纪念满族命名360周年学术讨论会综述//满语研究.—1995,（2).—140～142

4078 纪念满族命名360周年学术讨论会综述/伊澈//承德民族师专学报.—1995,（4).—100～102

4079 满族说唱艺术的瑰宝——读《清蒙古车王府藏子弟书》/宜尔根//民族文学研究.—1995,（4).—74～78

4080 评《满汉大辞典》/金宝森//满族研究.—1995,（4).—77～79

4081 诗神的复活——《清代满族诗学精华》简评/石峰//民族文学研究.—1995,（4).—72～73

4082 《清宫斗争内幕》序和前言/王钟翰，姜相顺//满族研究.—1996,（2).—15～21

4083 黑龙江省满—通古斯语学会第一届理事会工作报告/刘景宪//满语研究.—1996,（2).—138～140

4084 满通古斯语言、文化研究的新进展——黑龙江省第二届满通古斯语言、文化学术研讨会综述/刘景宪//满语研究.—1996,（2).—3～8

4085 满学研究的一部力作——读《满族的部落与国家》/关嘉禄//清史研究.—1996,（3).—113～114

4086 满族音乐文化研究方兴未艾——第二届中国满族音乐文化学术研讨会综述/袁炳昌//中国音乐.—1996,（4).—56～57

4087 评《满族的部落与国家》/李鸿彬，刘小萌//历史研究.—1996,（5).—187～189

4088 三代满学耕耘者的硕果——读《爱新觉罗氏三代满学论集》/白凤岐//

满族研究.—1996，(4).—38～39

4089 《北京的王府与王府文化》序/金启孮//满族研究.—1997，(4).—61～62

4090 参加在美国举办的东西方语言文化国际研讨会等学术活动的汇报/朝克//满语研究.—1997，(1).—142～144

4091 罕见的学术论文集出版——金启孮父女《爱新觉罗氏三代满学论集》读后/金东昭，张元卫//满族研究.—1997，(2).—95～96

4092 可贵的探索，难得的成果——评王冬芳《满族崛起中的女性》/杜家骥//史学集刊.—1997，(2).—77～78

4093 满乐满戏 满园春色——全国满族音乐创作研讨会综述/杨士清//中国音乐.—1997，(4).—55～57

4094 莽莽大川终归海——宋德宣著《满族哲学思想研究》/王玉，梅金华//博览群书.—1997，(1).—47

4095 碰撞与融合历程的探寻——评《满族话与北京话》/林英淑//满族研究.—1997，(1).—49

4096 "高文皆正典，奇宝尽琳琅"——评《清前历史文化》/常江//满族研究.—1998，(2).—96

4097 参加在韩国举办的国际阿尔泰学术大会等学术交流调查活动的报告/赵阿平//满语研究.—1998，(2).—117～119+139

4098 从东北原野走出的文学大家——纪念端木蕻良文学生涯70周年国际研讨会纪要/成歌//满族研究.—1998，(4).—72～73

4099 论《八旗艺文编目》的价值/王成云//满族研究.—1998，(4).—69～71

4100 评《爱新觉罗家族全书》/吕钊卿//满语研究.—1998，(1).—119～122

4101 《满族文化史》后记/张佳生//满族研究.—1999，(4).—45～46

4102 《满族文化与宗教研究》/李琳镝//满族研究.—1999，(4).—93

4103 《女真译语研究》/李琳镝//满族研究.—1999，(4).—93

4104 《中国满族文化史》序言/金启孮//满族研究.—1999，(4).—43～44

4105 第二届国际满学研讨会综述/北原//满语研究.—1999，(2).—138～140

4106 第二届国际满学研讨会综述/北原//满族研究.—1999，(4).—47～49

4107 第一部《满族文化史》/永嘉//社会科学辑刊.—1999，(6).—154

4108 赴日本满语研究、讲学、交流、考察报告/赵阿平//满语研究.—1999，(1).—38～42

满学研究论文索引（下）

4109 钩古稽沉 俾为信史——评《满族文化史》/张佳讯//中国图书评论.—1999，(10).—54~55

4110 黑龙江大学满族语言文化研究中心成立大会纪要/蒋理//满语研究.—1999，(2).—11~12

4111 满学研究的里程碑——读学术新著《满族文化史》/关纪新//满族研究.—1999，(4).—40~42

4112 一部接触语言学理论的力作——赵杰《北京话的满语底层和"轻音""儿话"探源》评介/牛汝极，黄晓琴//满语研究.—1999，(2).—135~137

4113 《满族崛起中的女性》略评/李又宁//社会科学辑刊.—2000，(2).—157

4114 《满族史论丛》/边吉//满族研究.—2000，(2).—96

4115 《青州旗城》——一部驻防旗人的实录/刘小萌//满族研究.—2000，(4).—48~50

4116 《三部满族史诗〈尼山萨满〉手稿》导言/G.斯达里，觉罗//民族文学研究.—2000，(4).—92~95

4117 多维视角的乐器学研究——评《满族萨满乐器研究》/杜亚雄//人民音乐.—2000，(10).—50

4118 妇女史与满族社会史的新探索——评《满族的妇女生活与婚姻制度研究》/刘方//北京大学学报（哲学社会科学版).—2000，(1).—160

4119 老舍研究的总结之作——评关纪新的《老舍评传》/张佳生//满族研究.—2000，(1).—64~67

4120 满通古斯语言文化研究学术报告会综述/杨惠滨//满语研究.—2000，(2).—130~135

4121 满学研究的可喜成果——简评《一个满族家庭的变迁》/关嘉禄//满族研究.—2000，(4).—51~52

4122 满语地名研究的重大突破——《满语地名研究》评介/关亚新//满族研究.—2000，(4).—53~54

4123 萨满信仰的流泻——评《满族萨满乐器研究》/张涛//满族研究.—2000，(1).—91~92

4124 中国北方发现满族萨满面具/闵讯//民俗研究.—2000，(1).—191~192

4125 《满族文化史》简评/李勋//民族研究.—2001，(5).—103

4126 21世纪满通古斯语言文化与人类学学术研讨会纪要/郭孟秀//满语研究.—2001，(2).—129~133

十四、书评、会议综述

4127 波恩第一届国际满一通古斯学大会（ICMTS）综述/江桥//满语研究.—2001,（1）.—138～141

4128 满族之家的文化寻踪——评赵玫长篇小说《我们家族的文人》/朱育颖//民族文学研究.—2001,（2）.—25～28

4129 全国艺术科学"九五"规划重点课题《满族萨满乐器研究》成果发布笔会//中国音乐.—2001,（2）.—24～30

4130 兴替由来岂瞬间——评台湾女作家林佩芬的长篇小说《努尔哈赤》/关纪新//满族研究.—2001,（4）.—65～73

4131 《满洲之路》——美国学者索解满族历史之谜的新著/刘小萌//历史档案.—2002,（3）.—136～137

4132 《满族从部落到国家的发展》读后/邸永君//民族研究.—2002,（5）.—98～100

4133 《满族从部落到国家的发展》评介/方裕谨//历史档案.—2002,（4）.—130～131

4134 精神备忘录——颜一烟长篇自传体小说《盐丁儿》/王中和//满族研究.—2002,（1）.—70～75

4135 满学研究的新探索——评介《康熙〈御制清文鉴〉研究》/永嘉//满族研究.—2002,（2）.—96～97

4136 满族民俗民风的诗意记忆——读《正红旗下》/严革//北京教育学院学报.—2002,（3）.—10～15+25

4137 美国学者有关清史与满族史研究的两部新著/定宜庄//中国史研究动态.—2002,（5）.—30～31

4138 民族文学大家庭里的一片风景——《满族作家论》代序/孙玉石//丹东师专学报.—2002,（3）.—11～17

4139 民族文学大家庭里的一片风景——读《满族作家创作论》/孙玉石//民族文学研究.—2002,（3）.—26～32

4140 清朝入关前的通藏文书译稿之评述/任树民//西藏大学学报（汉文版）.—2002,（1）.—16～19

4141 神秘萨满世界的新探索——读富育光先生《萨满论》/张璇如//满族研究.—2002,（4）.—54～59

4142 研究满族风俗的"小百科"——评《满族风俗考》/陈恳，王政玺//学习与探索.—2002,（5）.—139

满学研究论文索引（下）

4143 "尼山学"的奠基之作 读《萨满的世界:〈尼山萨满〉论》/马清妮//满族研究.—2003,（2).—88～90

4144 《〈旧清语〉研究——满洲早期的语言与文化》读后/刘小萌//满语研究.—2003,（1).—143～144

4145 《实录》不实的又一例证——对《关于清代八旗等某些表述问题的辨证》一文的补证/张玉兴//满族研究.—2003,（4).—93～94

4146 第四届国际满学暨赫图阿拉建城400周年学术研讨会纪要/北原//满语研究.—2003,（2).—144

4147 第四届中国（抚顺）国际满学暨赫图阿拉建城400周年学术研讨会综述/边佐卿//满族研究.—2003,（3).—96～97

4148 纪念黑龙江省满语研究所建所二十周年专家座谈会纪要/杨惠滨//满语研究.—2003,（2).—19～24

4149 满—通古斯语族通论（上）/季永海//满语研究.—2003,（1).—15～22

4150 满—通古斯语族通论（下）/季永海//满语研究.—2003,（2).—39～46

4151 扬民族文化之风采谱史学研究之新章——评《清朝皇位继承制度》/屈六生//满族研究.—2003,（1).—94～95

4152 《当代满族作家论》编辑手记/路地//满族研究.—2004,（2).—78～80

4153 《叶赫那拉宗族谱》述评/薛柏成//满族研究.—2004,（4).—36～38

4154 《正蓝旗前二佐村志》开创了我省编纂满族村志的先河/王丽艳//黑龙江史志.—2004,（3).—39～40

4155 萨满文化钩玄——评《原始活态文化——萨满教透视》/汪玢玲//满族研究.—2004,（1).—92～93

4156 首届国际满—通古斯语言文化学术研讨会暨第二届国际通古斯语言文化学术研讨会综述/吴雪娟，杨惠滨//满语研究.—2004,（2).—51～59

4157 索引钩玄问旧典 知古鉴今谱新篇——满族古籍和《中国少数民族古籍总目提要·满族卷》工作简记//中国民族.—2004,（1).—19～22

4158 中国·抚顺满族姓氏与谱牒学术研讨会综述/边佐卿//满族研究.—2004,（3).—95～97

4159 "语言与民俗"第二届国际学术研讨会综述/曲彦斌，李阳//满语研究.—2005,（2).—135～137

4160 《满文文献概论》评述/赵阿平//满语研究.—2005,（1).—124～126

4161 20世纪满族文学的写影——评路地、关纪新主编的《当代满族作家论》/

十四、书评、会议综述

刘大先//满族研究.—2005,（3）.—118～120

4162 穿越大东北民间历史的艺术回眸——论满族作家曹革成的《四季蛮荒》王科//满族研究.—2005,（3）.—121～125

4163 第五届中国暨国际满学研讨会综述/边佐卿，李係光//满语研究.—2005,（2）.—132～134

4164 第五届中国暨国际满学研讨会综述/边佐卿，李係光//满族研究.—2005,（4）.—125～127

4165 满族现状一瞥——读《满族:辽宁新宾县腰站村调查》有感/赵志忠//满语研究.—2005,（2）.—128～131

4166 满族研究的民族学新作——评《满族——辽宁新宾县腰站村调查》赵展//满族研究.—2005,（1）.—40～41

4167 寻觅满族舞蹈的历史舞步——读庞志阳的《满族舞蹈寻觅》白长青//满族研究.—2005,（2）.—125～127

4168 鹰手三旗的后裔——对北京市喇叭沟门满族乡的调查与思考/定宜庄，胡鸿保//民族研究.—2005,（4）.—23～31+107～108

4169 中国满族音乐研究会第三届年会纪要/林林//乐府新声（沈阳音乐学院学报）.—2005,（1）.—12～13

4170 "满族文化资源与发展考察工程"阶段性成果鉴定暨辽宁省满族文化资源与发展基地发展研讨会综述/曹萌，赵丹丹//沈阳师范大学学报（社会科学版）.—2006,（4）.—1+161

4171 "首届中国满学高峰论坛"会议综述/李云霞//满族研究.—2006,（4）.—15～20

4172 《满族口头遗产——传统说部丛书》总序/谷长春//社会科学战线.—2006,（6）.—112～118

4173 《满族研究》创刊20周年纪念座谈会综述/金海燕//满族研究.—2006,（1）.—127～128

4174 读《叶赫那拉氏家族史研究》/张佳生//满族研究.—2006,（1）.—125～126

4175 独具只眼——读邸永君《清代满蒙翰林群体研究》/张佳生//满族研究.—2006,（3）.—124～127

4176 集满学研究之大成的一部力作——《中国满族通论》读后/邸永君//满族研究.—2006,（2）.—125～128

满学研究论文索引（下）

4177 具有里程碑意义的满学研究力作——《汉满词典》评述/戴克良//黑龙江民族丛刊.—2006,（4）.—122～124

4178 满语文研究的新成果——评介赵志强的《〈旧清语〉研究》季永海//满语研究.—2006,（2）.—141～144

4179 满洲之道与满族化的清史——读欧立德教授的《满洲之道：八旗制度与清代的民族认同》孙卫国//中国社会历史评论.—2006,（1）.—399～410

4180 清代东北满族史的一部拓荒之作——《清代东北边疆的满族》评介/廖晓晴//满族研究.—2006,（4）.—124～126

4181 一座中国满学研究的里程碑——评《中国满族通论》沈一民//中国民族.—2006,（6）.—76～77

4182 "满族说部研究"座谈会纪要/吴雨//社会科学战线.—2007,（4）.—146～148

4183 《满风神韵》——彰显民族魂的舞蹈诗画/关嘉禄//满族研究.—2007,（3）.—124～125

4184 满学研究之力作——读《满学论稿》范庆超//满族研究.—2007,（1）.—124～128

4185 展示真实历史的一部力著——《正说顺治》读后/刘肃勇//满族研究.—2007,（2）.—128

4186 《八旗十论》——八旗研究之作/海燕//满族研究.—2008,（4）.—97

4187 《满蒙藏嘉戎维五体字书》概论/春花//满语研究.—2008,（1）.—57～63

4188 读《丹东满族史略》张佳生//满族研究.—2008,（1）.—125～128

4189 满族研究新领域的开创之作——史禄国《满族的社会组织》一书评介/罗惠翾//西部法学评论.—2008,（2）.—135～136

4190 寻找满族民间故事以及有温度的民间/王研//辽宁日报.—2008.9.5

4191 中国满族通论/张佳生//辽宁省哲学社会科学获奖成果汇编[2005-2006年度]：辽宁大学出版社.—2008.9.—52～57

4192 韩满比较语言学研究述评——兼评赵杰先生的《从日本语到维吾尔语》林毅//北方民族大学学报（哲学社会科学版）.—2009,（1）.—90～93

4193 纪念满文创制410周年会议综述/吴刚，戴光宇//满族研究.—2009,（4）.—4～6

4194 简评《长白山满族文化概览》费聿平//西南大学学报（社会科学版）.—

2009，(4).—199

4195 李林著《满族宗谱研究》张月妹//中国社会历史评论.—2009，(.—426～430

4196 满族说部文本及其传承情况研究——第一批出版的《满族口头遗产传统说部丛书》的介绍/高荷红//内蒙古大学艺术学院学报.—2009，(2).—114～118

4197 一个人和他的民族——读关纪新的新作《老舍与满族文化》雷晓彤//民族文学研究.—2009，(2).—36～37

4198 一席满族民俗文化的盛宴——赵展教授主编的《满族民俗文化》丛书读后/江凌//满族研究.—2009，(3).—126～128

4199 "纪念《满族研究》创刊25周年暨促进满族文化研究发展繁荣论坛"综述/何晓薇//满族研究.—2010，(4).—1～3+2+113

4200 "满学:历史与现状"国际学术研讨会综述/常越男//满族研究.—2010，(4).—82～84+93

4201 别开生面的史书——读《金启孮谈北京的满族》白凤岐//满族研究.—2010，(2).—105～108

4202 满族文化研究的盛会"长白山与满族文化研讨会暨第二届满族文化研究机构联席会议"综述/吕萍//满族研究.—2010，(3).—3～5

4203 满族语言与历史文化的阐释空间——读赵阿平教授的《满族语言与历史文化》张殿典//黑龙江社会科学.—2010，(4).—112～115

4204 萨满文化传承后继有人——评《达斡尔族萨满文化传承人:斯琴挂和她的弟子们》觉罗//满族研究.—2010，(1).—99～101+103

4205 挖掘满族优秀文化 构建和谐华夏文明——"全国长白山与满族文化研讨会"综述/蒋立文//社会科学战线.—2010，(10).—281～282

4206 治学严谨 别有意会——读张佳生的《八旗十论》康启昌//满族研究.—2010，(1).—102～103

4207 开辟满族史研究的新视野——读（美）路康乐著《满与汉:晚清到民国初期的族群关系与政治权力,1861—1928》吴磊，徐永志//满族研究.—2011，(1).—93～95

4208 满族历史研究重大问题的重新审视——评《满族要论》张佳生//黑龙江民族丛刊.—2011，(1).—188～189

4209 满族文化的生动记录—生态文明的深切呼唤——读胡冬林《鹰屯:乌拉田野札记》范庆超//民族文学研究.—2011，(1).—157～162

满学研究论文索引（下）

4210 评《韩国史料三种与盛京满族研究》/温长松//中国史研究动态.—2011,（3).—93～95

4211 评关纪新《老舍与满族文化》/郑丽娜//文学评论.—2011,（2).—212～214

4212 盛京满族研究与当代中韩学术交流——《韩国史料三种与盛京满族研究》读后/温长松//满族研究.—2011,（1).—96～97

4213 "2011年'满学与清史研究'研习营"会议综述/陈文俊//时代教育（教育教学).—2012,（1).—169～170

4214 《满语语法》（修订本）读后/高娃//满语研究.—2012,（1).—142～144

4215 《满族文化的转向（1583—1795年）·导言》/黄培，董建中//清史研究.—2012,（3).—136～149

4216 《清内秘书院蒙古文档案汇编》语言研究/达古拉//内蒙古大学.—2012,（11).—286

4217 第三届满族文化研究机构负责人联席会议暨促进满族文化研究发展创新论坛综述/何晓薇//满族研究.—2012,（2).—1～3

4218 发展繁荣满族研究 打造辽宁民族文化品牌——纪念辽宁满族研究三十年/何晓芳//满族研究.—2012,（1).—1～6

4219 皆川秀孝《清语会话》（《シソゴカイワ》）研究/邸立宾//上海师范大学.—2012.4.1

4220 满族屯里笑声高——科右前旗满族屯满族乡访问记/周居霞，陈布和，金山//实践（党的教育版).—2012,（1).—29～30

4221 清代旗人政治研究的一部力作——评《汉军旗人官员与清代政治研究》/黄彦震，孙晓勇//满语研究.—2012,（2).—143～144

4222 "多元文化视野下的满族说部"研讨会综述/何岩//东北史地.—2013,（5).—93～95

4223 《顾太清集校笺》出版首发研讨会综述——何晓芳谈金启孮先生与辽宁满学研究/金适//满族研究.—2013,（1).—114～118

4224 《通古斯—满语比较词典》的编纂和启示/刘宇，张松//黑龙江民族丛刊.—2013,（3).—164～168+193

4225 黑龙江、阿穆尔河下游之旅/细谷良夫，王学勤//中国边疆民族研究.—2013.—198～210

4226 满族艺术的饕餮盛宴——评李德先生的《满族艺术研究》/何晓薇//满

族研究.—2013,（1）.—127

4227 面向动态历史过程的满族萨满教研究——《满族穆昆与萨满教》读后/于洋//民间文化论坛.—2013,（3）.—100～103

4228 民俗传唱与族群记忆——读《满族民间说唱艺术研究》/徐迎新//满族研究.—2013,（3）.—124～126

4229 在场的生态文学表达——满族作家胡冬林新作《野猪王》解读/范庆超//西华大学学报（哲学社会科学版）.—2013,（6）.—21～24

作者索引

（以汉语拼音为序）

A			2713
			2727
А.Л.Мальчуков	2882		2747
阿部由美子	1993		2761
阿楚珲	2327		2770
阿东	2166		2800
阿福	2413		2819
阿克占(战)·英民	2829		2836
阿拉腾	0564		3428
	3038	爱新觉罗恒顺	1042
阿拉腾奥其尔	1016	爱新觉罗闵峰	0787
阿路贵·萨如拉	1099	安德烈·巴甫洛维奇·扎比亚科	
爱新觉罗·德崇	0802		1782
爱新觉罗·恒绍	3750	安俊	2533
爱新觉罗·乌拉熙春	2863	安琪	1547
爱新觉罗·瀛生	0769	安双成	2538
	2415		2616
	2563		2730
	2568	安晓春	3457
	2579	敖拉	0956
	2590		0972
	2606	敖乐奇	2001
	2626	敖其尔	3605
	2646	敖特根其其格	2851
	2665		2872
	2692		2930

作者索引

敖小华	1659	白仁功	1481
B		白素菊	1909
B.普季岑	2569	白玮	1626
巴达荣嘎	2347	白希智	3498
	2348		3801
	2529	白新良	0926
	2584	白燕	2114
巴格根图牙	0645		3246
巴根	2833	白玉	0092
白初一	0266	白玉芳	1834
	1978	白云莉	3605
白非	0021	白长青	1232
白凤岐	0261		3131
	0659		3144
	0875		3145
	3915		3886
	4088		4167
	4201	柏舟	1075
白凤羽	1009	包哈斯	1383
	3713		1390
白国贺	3510		1421
白虹	1319	包联群	2825
白洪希	0204		3053
	0208	包梅花	0324
	0484	包民杰	2108
	1093	包荣华	1893
	2294		1913
白杰	3838		3366
	3851	包婷婷	2927
白柯	0098	包玉坤	3254
白立元	2583	宝玉柱	2966
白丽	1008	鲍奉宽	2035
白萍	1320	鲍虎欣	0990

满学研究论文索引（下）

鲍明	0618		1060
	0727	布尼阿林	0074
	0841		0708
	2319		0712
	2897		2441
	3165		3790
鲍鑫	2489	步蟾	4002
鲍岩民	1879	步振勇	1711
暴风雨	1051	C	
暴云和	2030	才大泉	0548
北原	4064	蔡宏	3616
	4105	蔡华明	1618
	4106	蔡建	3540
	4146	蔡莉	1984
毕宝魁	3913	蔡雅文	0486
	3929	蔡志纯	0446
薛正方	0091	曹保明	1168
边吉	4114		1854
边佐卿	3638		2075
	4147		2367
	4158		3270
	4163		3324
	4164	曹德全	0742
编吉	3514		3021
卞艳君	3745	曹芳	3758
波·少布	0118	曹福存	2305
波·索德	2618	曹宏伟	3217
	2853	曹金合	3337
	2908		3367
	2942		3421
	2969	曹丽娟	0465
	2988		1488
布莉华	1056		1511

作者索引

曹萌	3161	常越男	0227
	3183		1995
	3218		4200
	3240	朝格查	1339
	3566	朝克（D.O.朝克）	2672
	3626		2705
	4170		2777
曹生龙	0229		2802
曹松柳	1918		2891
曹文奇	0811		3063
	3766		4090
曹霞	1845		
曹晓丽	1271	车海锋	1371
曹阳	2146	车淑红	3735
曹洋	1911	陈安丽	0388
策·斯琴巴特尔	0571	陈宝涛	3359
策旺扎布	3004	陈伯超	2284
岑大利	2349		2286
柴三九男	1950		2295
常慧	2323		2322
常嘉林	3653		3420
常江	4096	陈伯霖	0286
常林	3579		2038
	3580		2356
常书红	0102		2357
	0105		2428
常晓辉	2135	陈布和	4220
	3439	陈潮华	2855
常欣	3697	陈东生	2167
常雅维	3365		2180
	3478		2186
常育晶	2238	陈放	0274
常裕铖	3394	陈凤芝	3745

满学研究论文索引（下）

	3754		0255
陈岗龙	1343		0320
陈光崇	4029	陈庆国	1714
陈桂英	3823	陈曲	1449
陈海亮	1926	陈士平	3724
陈昊	2459	陈淑芬	0377
陈洪洲	0919	陈述	3836
陈会学	2037	陈树智	2494
陈吉光	2202	陈思涵	3282
陈佳	1780	陈思玲	4053
	1876	陈浣	0156
陈洁	3708	陈玮	1985
陈捷先	1081	陈文福	2257
	1088	陈文俊	4213
陈锦钊	3587	陈曦	0244
陈景河	0592	陈喜波	3694
陈静	1991	陈晓东	3910
陈驹	0794	陈晓光	2485
陈悫	4142	陈效师	2985
陈立华	3398	陈学良	4037
	3522	陈艳	3543
	3565	陈尧	3538
陈丽娟	1674	陈烨	0487
陈林宜	1615		1920
陈龙	1692		1921
陈萌曦	1696	陈轶欧	0830
陈梦兮	2218		0831
陈明宏	2459	陈英慧	0400
陈楠	2102	陈永春	1733
陈鹏	0127	陈永岗	1861
	0144		1867
	0218		1868
	0233		1870

作者索引　　99

陈永祥	3945	程芳	3064
陈玉	1644	程功	0166
	1653	程红泽	1782
陈哲	3629	程龙	2314
成百仁	2733	程燃	1167
	2755		1176
成歌	4098	程晓丹	2240
成积春	3113	程迅	0433
程大鲲	0375		0434
	0786		0435
	0797		1296
	0801		1460
	0813	程昭星	0054
	0868	池上二良	0902
	0977		2673
	2359	迟云飞	0212
	2661	初征	0634
	2683	春花	0933
	2710		0968
	2724		1010
	2759		2888
	2769		2918
	2784		4187
	2816	丛培欣	2402
	2832	丛佩远	0872
	2854	丛晓明	3756
	2868	丛颖	2216
	2869	崔殿钧	2017
	2886	崔光筠	1050
	2915	崔广彬	3219
	2916	崔蕾	0837
	3764	崔连玉	0800
程大力	0461	崔溶澈	1011

满学研究论文索引（下）

崔婷婷	0572	单铃	0486
崔维	3718		3895
崔勿骄	3742	单彤	1143
	3743		3846
	3745	单援朝	2974
崔羲秀	0719	党宝海	2977
	1310	道布	2693
	1333	稻叶岩吉	1343
崔雄权	0719	得斋	1035
崔裕景	1426	德野伊勒	1337
崔宰宇	0920	德永胜士	3762
村上信明	1002	邓晶	2922
D		邓庆	0112
达古拉	4216		3873
达力扎布	3068	邓天红	0164
大朗	3992		2625
代俊波	3772		2712
戴光宇	2818		2877
	2896		3107
	2907		3112
	2997		3318
	3771	邓伟	0900
	4193		1128
戴洪霞	2303		1191
戴淮明	2457		1197
戴克良	3057		1200
	4177		1206
戴士权	0322		3832
	1639		3844
戴鑫英（巴图）	3912		3868
戴逸	4004		3875
	4044	邓喆	1731
单琳琳	2307	邱铭旭	1875

作者索引

邸永君	0110		4137
	0220		4168
	0745	东城	2251
	3173	冬克	1501
	4132	冬利	2325
	4176		2330
刁丽伟	0604	董建中	4215
刁书仁	0346	董灵芝	3194
	1079	董庆辉	3414
丁涵	2332	董蕊	1682
丁进军	1004	董淑瑞	1207
丁石庆	0263	董万	0720
	2595	董万仑	0740
	2619		0770
	2905		2574
	3115	董万崙	1311
	3189	董微微	0838
	3257	董文成	1201
	3275	董霞	1990
丁振宾	3528	董显辉	3762
定宜庄	0090	董兴泉	3799
	0115	都术艳	2274
	0299		2364
	1992	都兴智	0880
	2021	窦杰	3296
	2022	窦玉英	1599
	2365		1652
	2418	杜成安	0211
	2468		0215
	2473		3980
	2478	杜家骥	0267
	2502		0454
	3715		0607

满学研究论文索引（下）

	0717	鄂雅娜	3011
	0796		3049
	0817	恩和巴图	2652
	2025		2668
	2046		2718
	2429		2720
	3129	尔玉	0178
	3460	F	
	3687	法里春	2527
	3898	凡言	4051
	4092	樊红岩	3223
杜晶	2207	樊钥宽	3405
	3205	樊右伟	2106
杜立强	3952	樊祖荫	1563
杜琼书	3829	范彬	2137
杜若	2267	范春双	1609
杜尚侠	0389	范丽	0291
杜雪	2509	范立君	0653
杜亚雄	1461	范丽君	2882
	4117		2898
端木蕻良	3999		3417
段秀吉	2469	范丽业	2313
	3731	范庆超	1264
段志强	1078		3981
敦冰河	0440		4184
	0728		4209
多洛肯	1274		4229
	1281	范晓琴	3025
多涛	1514	方丁	4073
E		方汉	1558
额·班布尔	2618	方华玲	0652
额尔敦巴根	2636	方汇	2662
鄂世镛	0407	方建芝	2443

作者索引

方彦成	2119	付虹影	3508
方裕谨	4133	付璐	1884
方舟	3862	付秋荣	2631
费聿平	4194	付万金	2532
丰新勃	1652	付心欣	3392
风铃	1557	付永正	1979
冯伯阳	1520		2396
	1568	付煜	1784
冯丹	3175	付长伟	3937
冯尔康	0792	付钟瑶	1422
	0894	傅柏龄	0890
	3208	傅波	0729
冯光钰	1564	傅博	1071
冯俊杰	1061	傅德全	1544
冯力民	2469	傅耕野	1297
冯立升	3821		3818
冯丽莎	1927		3827
冯龙	3033		3853
冯璐	0836	傅光明	0849
冯其利	1031	傅恒祺	0158
	1032	傅克东	0447
	1033		3632
冯秋雁	2161	傅万金	2554
	2372		2555
冯守忱	0718	傅英仁	0347
冯微	1688		1305
冯炜	2952	富丽	0328
冯雁	1260		0329
冯逸	1757		1230
冯云英	0296		2654
	2956	富育光	0439
浮云	0867		0442
付宝仁	0621		0449

	0450		1386
	0455		1388
	1288		1414
	1291		1600
	1342		1613
	1367		1614
	1408		3221
	1437		3252
	2067		3949
	2069		3983
	3209		4196
	3226	高君	2131
	3353	高开升	1901
G		高磊	3134
G.斯达里	4116	高明君	2206
嘎日迪	3765	高明星	1723
甘应进	2180	高庆仁	0194
	2186		0737
冈田英弘	3125		1085
高丙中	0790		3637
高纯	2980	高尚	3978
高迪	1663	高守信	2064
高东昊	2755	高淑英	0436
高飞	3859	高松	2407
高菲	0676	高娃	0644
	1263		0949
	3312		1373
高峰	3308		2782
高歌	0846		2845
	1531		2873
高荷红	0535		4214
	1179	高兴瑶	3842
	1380		3855

作者索引

	3857	宫春利	3526
	3858	宫春临	3779
	3860	宫龙丹	3327
	3865	宫玉振	3640
	3866	龚强	0134
	3867		0135
	3872		0136
	3877		0137
	3882		0138
	3888		0139
	3903		0148
高雅	1384		0149
高亚军	2984		0150
	3027		0151
高岩	1301		0152
高艳	2178	共由	2544
高扬	1687		2628
	3223		2655
高义海	3308		2723
高玉侠	0618	古竹	0030
	1731	谷风	3775
	3177	谷牧青	3413
高志超	2380	谷芃	3212
格根哈斯	2988	谷曙光	3946
格根塔娜	3423	谷亚光	3413
葛浩浩	3395	谷颖	1378
葛玉红	2370		1387
耿敬	0313		1392
耿立言	0672		1393
耿瑛	1433		1394
耿振生	3032		1396
耿左车	1072		1398
公望	1215		1411

	1412		2565
	1440		2917
	2510		3070
谷长春	4172		3120
顾建平	0743		3225
顾韵芬	2163		3239
关畅	3064		3958
关德栋	4061		3959
关德章	2426		3976
关凤荣	0403		3977
关冠	1700		3979
	1712		4001
	1734		4008
	1735		4111
	1736		4130
	3256	关家铮	1147
关皓	2171		1150
关纪新	0146		2774
	0176	关嘉录	2530
	1120		2531
	1156		2560
	1166	关嘉禄	0083
	1169		0912
	1171		1043
	1172		1581
	1173		2684
	1174		2699
	1188		4085
	1189		4121
	1277		4183
	1646	关杰	0636
	1715		0637
	2496		1595

作者索引

关捷	0172	关溪莹	0315
	0196		0369
	2484		0555
	3991		0558
关凯	0154		1355
	2516		2447
关康	0967	关孝廉	0876
关克笑	0036	关笑晶	2410
	0062	关辛秋	2885
	0063		2913
	0064		2914
	0077		3037
	0086	关昕	1518
	0203	关欣	0588
	0337	关兴凯	0071
	0354	关学智	1102
	0356	关雪玲	0209
	1086	关亚新	4122
关立英	3451	关义勇	2461
关露	2098	关英	0477
关沫南	3797	关云德	0603
	3811		0629
关山复	0029		1880
	0053		2204
	0073	关在汉	4013
	4060	关长宝	0629
关世沅	1743	关志伟	3308
关双福	3569	关治平	0367
关双富	3377		2179
	3470		2449
关伟	0172	关智胜	3040
	0230	关忠保	2855
	2484	关子	2173

官圆媛	1612		0928
广陵	1505		1057
	2048		2790
贵琳	1244		2791
郭晨	3613		2806
	3614		2809
郭成康	0768		2834
	1090		2887
	1947		2919
郭崇林	1326		3202
	3084		3229
郭春芳	0216		3279
	0306		3309
郭丛丛	0166		3364
郭翠潇	0648		3584
郭大烈	0080		3585
郭凤山	1589		4126
	3520	郭庆权	1843
郭福亮	1988	郭蕊	3275
郭福祥	1048	郭世佑	2472
	1770	郭淑云	0464
	3964		0490
郭军连	0245		0506
郭莲纯	2395		0529
郭美兰	0955		0532
	0964		0542
	0997		0589
	1023		1348
	3593		1398
郭孟秀	0516		3087
	0521	郭天红	0574
	0605		0575
	0925	郭铁娜	1708

作者索引　　109

郭晓婷	1986	韩东	3748
	2411	韩东磊	3405
郭中束	1609	韩二涛	0155
国梁	3523		3534
国晓娟	2435	韩光辉	0807
果洪升	2471		3273
H			3711
哈萨克拜·布音巴图	1018		3720
哈申格日乐	3060	韩景军	3295
哈斯巴特尔	2632		3477
	2657	韩丽霞	0321
	2743		1177
	2754		1265
	2776	韩莓	2057
	2787	韩明武	3723
	2792	韩启昆	0469
	2805		0803
	2821	韩晟	1690
	2841	韩世明	0217
	2850		0810
	2867	韩伟冬	1728
	2899	韩锡铎	1074
	2926	韩向君	2469
	2934		3731
	2959	韩晓洁	0236
	3002		0246
海若	1312	韩晓梅	3007
海燕	4186	韩旭	2995
韩春丽	1443		3050
韩春艳	1069		3281
	1683	韩雪峰	0130
	3323		3231
韩聪	2306	韩毅	3960

满学研究论文索引（下）

韩云波	1270		3916
韩长青	2469	何清瀞	2363
韩志峰	0436	何荣伟	0197
韩作富	2150		2961
郝佳音	2311	何锐	2291
	2329	何晓芳	0392
郝鸥	3420		0815
郝庆云	0685		3083
郝素娟	2386		3643
郝欣	3041		3644
	3348		3645
昊天	1794		3646
	1796		4218
何海龙	0809	何晓薇	3298
	2378		3384
	2381		4199
何纪红	1686		4217
	1718		4226
何建强	0310	何新生	0501
何钧宇	1645		1400
何丽	4034	何馨桐	1262
何平	1826	何学娟	2884
何溥滢	0031		2892
	0331	何岩	4222
	0412	何予明	1025
	0503	何宗美	1966
	0513	和希格	2798
	0909	贺建秀	2443
	1940	贺灵	0929
	2483		1299
	3094		1300
	3096		3636
	3781		3998

作者索引

贺萍	0642		2312
	1415	胡晓娟	0552
贺璞薇	2439	胡雪艳	1103
贺锡德	1641	胡艳	3602
贺元秀	1271	胡艳霞	2870
赫金鸣	3551		2967
赫然	0597		3019
赫潇	2118		3222
赫亚红	2331		3223
黑桑	1831		3403
红莺	3861		3701
洪红	3360	胡雁	3382
侯百川	3328		3568
侯林	1822	胡音	1528
侯瑞秋	2152	胡幼琼	0330
胡彪	3294	胡增益	2830
	3537	胡昭	1225
胡冬朵	1283	胡志良	3253
胡凡	3118	胡忠敏	2062
胡海义	1279	胡祖荣	3552
胡鸿保	0090	华立	0242
	2468		2477
	2473	华丽亚荪	0057
	2478	华淑蕊	3247
	2502	浣花	1195
	4168		1750
胡絜青	4012		1751
胡良玉	3563		1752
胡世杰	1967		1753
胡伟	3066		1759
胡伟光	1538		1760
	1689		1762
胡文荟	2310	黄斌	1713

满学研究论文索引（下）

黄崇文	0186		3925
黄德烈	2187	黄荣肃	3761
黄定天	0084		3820
	0095	黄燊	4018
	0893	黄伟林	1161
黄飞	3186	黄希明	2270
黄金东	3611	黄锡惠	0897
黄俊华	0225		1065
黄岚	0541		2285
	2083		2526
	2170		2545
	2232		2612
	2320		2677
	2324		2741
	3415		2752
黄凌	0087		2756
黄明	0474		2767
	1321		2780
	4055		2781
黄明乐	2115		2795
黄娜	0986		2796
	0989		2812
	0993		2815
黄培	4215		2881
黄平	1249		2993
	3709		3433
黄琦	3554		3666
黄千	1851		3668
	1852		3671
黄强	0689		3673
黄任远	1325		3674
	1336		3675
	1344		3676

作者索引

	3677	姬旭明	2290
	3678	吉奥瓦尼·斯塔利	0535
	3680	吉本道雅	0678
	3681	吉国秀	2387
	3682	吉书	1543
	3683	吉田孝人	3762
	3685	姑书	3856
	3686	姑纤	2126
	3688	姑好	3884
	3689	纪芳	1266
	3691	纪悦生	0758
	3703	季文慧	2462
	3717	季永海	0451
黄晓琴	4112		0882
黄新亮	2895		0939
	2909		0978
	3035		1278
	3769		1317
黄岩柏	1074		2528
黄彦震	0277		2546
	4221		2620
黄一农	0845		2629
黄莹	3474		2651
黄振泽	3940		2653
黄志强	3345		2663
黄治国	3722		2689
回连涛	1787		2711
卉卉	0450		2726
	0455		2744
卉茵	0476		2804
霍帕尔	0519		2822
霍思元	1895		2824
J			2842

	2866	菅野裕臣	2775
	2871	江帆	1358
	2875		1417
	2923		1419
	2924		1428
	2929		2052
	2938		3263
	2962		3301
	3777		3399
	4149	江汉力	1606
	4150	江林	1290
	4178	江凌	4198
筋声	3785	江南	3848
	3919	江桥	0917
	3935		0937
	3938		2540
贾冲	3398		2847
贾冬雪	2419		3026
贾慧敏	1685		4127
	1694	江山	2071
贾敬颜	3574	姜椿芳	3802
贾淼	1731	姜冬云	2543
贾瑞光	2967	姜根兄	2893
	3222	姜广义	3416
	3403	姜桂平	3524
	3412	姜海叶	1925
	3565	姜娟	3294
贾天杰	2181		3382
贾星研	4047		3542
贾艳丽	0273		3568
	3659	姜丽萍	1316
贾越	2940	姜珊	2255
	2982	姜书阁	0285

作者索引

	3809		2312
姜涛	2508	姜舟	3418
姜亭亭	2331	蒋博光	2272
姜相顺	0081		2273
	0201		2275
	0283		2276
	0334		2277
	0340	蒋国林	1930
	0459	蒋剑	3465
	0467	蒋金萍	3941
	0762	蒋兰	2417
	0843	蒋蕾	0547
	1955		0561
	2336	蒋理	0496
	3426		0505
	4082		0508
姜小莉	0544		0512
	0550		0732
	0585		0902
	0586		1231
	0587		1570
	0617		1583
	0848		1590
	0940		2725
	1100		2735
	3400		2755
姜兴杰	3731		4110
姜勇	1932	蒋立文	4205
	1936	蒋维忠	1957
	2015	蒋小娟	1677
姜宇	1999	蒋亚	1248
姜昱	2231	降大任	3774
姜兆虹	2310	焦平	0460

满学研究论文索引（下）

焦学震	1917	金鸥	1830
鲛人	1769	金启孮	0006
矫明君	0319		0007
矫石	3410		0013
觉罗	4116		0014
	4204		0023
金宝森	3429		0024
	3483		0033
	3791		0034
	4080		0041
金朝力	0553		0042
金诚	0168		0043
	0177		0044
	0759		0048
	0760		0049
金东昭	0916		0050
	4091		0051
金凤	3375		0058
金海燕	0393		0429
	4173		0776
金华	3456		1453
金基浩	0405		3069
	0661		4089
金吉子	0468		4104
金建民	1493	金启综	4070
金筠泉	2343	金山	4220
金宽雄	1353	金士友	1670
金丽	2107	金适	1252
	2117		4223
金丽莹	1427	金泰方	1190
金良生	2278		1192
金美	3696		2573
金默玉	1950		2593

作者索引　117

金天一	2603	景超	3230
金卫国	2499	景奇	2006
	2965	景体渭	3230
金翁	2667	景志强	1441
金鑫	0702	敬彪	1907
	0761	靖静	3741
	2944	鞠延明	2450
	3475	隽成军	0257
金叶	0143	K	
金艺铃	1376	卡丽娜	2674
金毅	2736	凯和	1252
	2751		2773
	2763	康尔平	3571
	2817	康启昌	3899
	4076		3911
金悦	0397		4075
	3960		4206
金贞爱	0916	可心	1512
金卓	0217	孔定芳	3187
津曲敏郎	2647	孔庆武	0170
	2671	孔维艳	2209
	2715	孔维震	0931
	2777	孔艳波	3450
靳红曼	3188		3452
荆宏	0547		3454
	0561	孔震	3371
荆文礼	1359	寇德峻	1009
	1360	邝立宾	4219
荆学义	1235	坤新	0425
景爱	0715	L	
	0788	lavender	2222
	3495	兰建华	1981
	3497	兰庆高	2333

满学研究论文索引（下）

兰婷	0580		2748
蓝锡麟	3655		2839
篮海	3253		2846
郎国兴	0019		2947
郎加	0229		3066
郎静	3361	李畅	2405
郎淑芝	0259	李赐生	1920
雷家琼	1020	李德	0480
雷玲	1846		1199
雷晓彤	3918		1217
	3934		1228
	4197		1330
冷传平	3185		1464
冷纪平	1986		1466
	2411		1467
黎明	1832		1470
黎冉	2611		1471
	2622		1482
	2643		1483
黎树斌	0117		1484
黎霞	1842		1485
黎艳平	1029		1489
	2561		1490
	2586		1491
	2589		1492
	2598		1502
	2633		1503
	3100		1527
	3816		1537
李爱华	3377		1540
	3616		1745
李敖	0352		1747
李兵	2742		1756

作者索引　　119

	1764	李寒	3355
	1800	李弘光	1141
	3780	李红雨	1189
	3824		1261
	3863		1498
	3889		3789
李德荣	3567		4038
李典蓉	2492		4039
李帆	0349	李洪伟	0954
李芳	2948		2335
李飞	1848	李鸿彬	0695
	3242		1941
李凤民	1030		3878
	1039		4044
李凤琪	2351		4087
	2358	李辉	3372
	3442	李蕙	0612
	3480	李吉光	0642
	3649	李季芳	3502
	3672	李佳	2383
	3698	李佳静	2404
李凤英	3308		3726
李奉佐	0734	李建妹	1926
	0800	李健民	0954
李刚	0996		3346
李公君	3474	李江峰	3807
李贵连	0422	李劼	4125
李桂香	3035	李杰	3061
	3769	李杰虎	3901
李国	2033	李金涛	0160
李国华	0820		3259
李国俊	0528		3663
李含芳	3839	李金希	3879

满学研究论文索引（下）

李晶	2024	李林	0336
	2026		0404
李晶皎	3582		0705
	3588		0779
	3589		3073
	3596		4000
	3597	李琳（王高）	4046
李景兰	0185	李琳镐	4059
李景屏	0262		4102
	1073		4103
李景瑞	1089	李龙	0126
	2059	李陆华	3103
	2062	李梅	2328
李婧	2109		3624
	3381	李美军	3378
李靖	1671	李孟玲	2112
李久琦	4034	李蜜	3547
李巨炎	0431	李明滨	0998
	0773	李娜	2076
李军	1900		3062
	1935		3396
李俊香	3936	李凝祥	0113
李理	0046		3902
	3288	李诺	3297
	3679	李鹏	2200
李丽	0325	李勤璞	1040
	3922		2745
李丽达	2366		2760
李莉	0563		2902
	0654		3125
李莉莎	1463	李清振	1916
	1486	李蕊	2208
李连海	1605	李瑞林	1476

作者索引

李尚英	0206	李巍	0533
李声能	3716	李伟	0250
	3719	李文	2423
李圣华	1242	李文刚	3730
李世纲	1724	李文涛	0075
李世举	3266	李无未	2856
李守义	1014		2952
李书	0771	李喜霞	0247
	0884	李细珠	2511
	2551	李係光	4163
李树先	1928		4164
李澍田	0782	李贤淑	0082
李双	2334		0106
李爽	0647		2176
	3210		2701
李顺阳	3181		2733
李思瑶	1660	李想	2160
李斯娜	0611	李小雪	0861
李松华	1487	李晓峰	3750
李素华	2954	李晓晖	3792
李天骄	3215	李晓君	2193
李天锡	0047		2229
李铁	2384	李晓黎	1654
李廷扬	1047	李晓丽	1066
李婷	1239	李晓莉	2393
	3586	李晓林	1372
	3601	李晓明	1158
	3606	李晓泉	3197
李彤	2454	李晓英	1964
李宛真	0368		1965
李晚	1933	李筱文	0100
李婉莹	1738	李欣	0661
李万武	1236	李鑫	1724

李兴华	0382	李扬	0502
	1110	李阳	3376
李兴濂	1509		4159
李雄飞	1012	李阳光	1104
	2753		1105
	3595	李杨	2996
	3598	李烨	0594
李秀莲	0764	李一白	1850
	0862	李益彬	1249
李秀彦	3338	李英睿	1852
李秀英	4027	李影	2422
李旭强	3377	李映	1534
	3569		1535
李学成	0739		1536
	0765	李永东	1254
	0808	李友友	1838
	1112	李又宁	4113
	3290	李宇	3741
	3943	李雨阳	2104
李学诚	3140	李玉君	0234
李学智	1321	李玉珍	1551
	4055	李元通	0562
李雪	1649	李媛媛	0562
李洵	0011	李云霞	0295
李亚芳	1630		0394
李岩	0566		0416
	2437		0525
	2438		2371
李颜丽	2029		2810
李艳荣	0531		2972
李燕光	0009		3036
	0336		3432
	2463		4031

作者索引

	4171	梁音	2086
李泽	0111	梁玉多	0684
李兆臣	3470	梁志忠	0188
	3555	廖怀志	0141
李知仁	0040	廖晓晴	0129
李志杰	1593		3311
李治亭	2514		4180
李自然	0304	林德春	0823
	0344		3725
	0514		3767
	2144	林家有	0002
	2147	林景扬	2092
	2158	林林	4169
	2205	林乾	3111
	2910	林荣耀	2448
	3121		3331
	3151	林岩	2116
	3166	林瑶	1697
栗振复	2602	林毅	4192
	2645	林英淑	4095
连宏	0399	蔺雪莲	3562
廉程	1705	玲珑	0701
梁刚	3363		1529
梁国东	3989	凌波	1532
梁婕	2905		1801
	2931	凌瑞兰	1549
梁科	2211		4056
梁黎	3953		4062
	3955	刘颖	2157
梁六十三	2831	刘艾莹	1898
梁彦彬	0208		1923
	2282	刘贲	1861
梁义群	3640		1862

满学研究论文索引（下）

	1863		4071
	1864	刘福民	1496
	1869	刘广铭	1251
	1870	刘贵富	2479
刘冰	0953		3157
	1064		3740
刘博闻	3525	刘桂腾	1473
	3526		1479
刘昌盛	1873		1517
刘畅	2104		1524
刘传勤	3560		1585
刘春惠	0376		1601
刘春玲	1160		1619
	1162		1629
刘大先	1153	刘国石	1977
	1255		2964
	3258		3451
	4161		3453
刘大志	0750		3455
刘德兵	3533		3458
刘德鸿	1959		3462
	3833	刘国武	1861
	3892		1862
刘冬梅	1181		1863
刘侗	1450		1864
刘恩铭	1142		1902
刘方	4118	刘红彬	1983
刘芳	3479		3748
刘芳芳	3370	刘厚生	0162
刘飞飞	3388		0470
刘凤琴	0632		0471
刘凤云	2280		0488
	2281		0507

作者索引　　125

	0749		3341
	0871		3374
	1070		3386
	2547		3411
	2585	刘静妹	1054
	2722		1059
	3135	刘娟	1775
	3154	刘军	3741
	3228	刘军谊	1617
	3326	刘俊鲜	1628
刘佳男	0142	刘乐	0595
刘佳宁	1250	刘乐乐	3220
刘建强	2134	刘立强	3334
刘健翠	1272		3620
刘金德	0253	刘丽华	3005
	0853	刘丽玲	1259
刘金环	1318	刘莉	1644
刘金明	0157		1647
刘金锁	0426		1650
	1432		1656
	1446	刘林	0493
刘景宪	2675		1920
	2698	刘琳琳	3391
	2719	刘潞	2354
	2725	刘曼	1005
	2734	刘梅	1061
	4083	刘美霞	1274
	4084		1275
刘竞	0407	刘蒙林	0380
刘婧怡	3048	刘孟子	0598
刘靖	1596		1399
刘静	0384	刘梦君	1662
	1904	刘敏	0251

满学研究论文索引（下）

刘明	0568		0935
	1356		0946
刘明新	0511		2005
	0518	刘述昕	1063
	0584	刘肃勇	2398
	0588		4185
	3166	刘素平	2250
	3200	刘天琦	0954
	3280	刘廷艳	3287
	3442	刘威	2192
	3463		3569
刘鹏朋	3009	刘维民	3468
刘颀	1977	刘维维	3291
	3458	刘卫	3344
刘破浪	3277	刘未	1053
刘清明	1631	刘文海	1318
	1640	刘文鹏	0235
刘庆华	0692	刘希仁	0498
	0961	刘喜强	0966
刘庆相	2002	刘小萌	0025
	2003		0195
刘仁智	2122		0298
刘荣超	1896		0338
刘珊珊	2256		0918
刘世哲	0183		1046
	1946		2559
	1948		3080
	2034		3101
刘守刚	2123		3993
	3665		4087
刘淑云	3751		4115
刘淑珍	0924		4131
	0931		4144

作者索引　　127

刘晓晨	1777	刘跃	3408
	3486	刘增林	1814
刘新晶	3472	刘长江	0231
刘雪松	3090	刘钊	1438
刘雪玉	1669	刘筝筝	2399
刘延新	2702	刘正爱	0124
刘彦臣	0239		2503
	2479	刘志军	0976
	3212	刘志学	3755
	3459	刘志扬	3089
	3467		3092
	3739	刘中平	1982
	3740		2406
刘彦芳	2831		2408
刘彦红	3662		2450
刘艳	1499	刘仲元	3926
刘艳春	3548	刘卓	1643
刘艳杰	3067	刘子扬	0892
刘扬	1691		0901
刘也	1906		0904
刘英	1772	柳湖	2442
刘英超	2098		4066
刘颖	0625	柳丽	1425
	3146	柳岳武	0225
刘永江	1294		0232
刘咏梅	0210	龙凡	3342
	0297	龙开义	2458
刘宇	4224	娄佰彤	2500
刘宇卓	3758	楼望皓	2013
刘玉民	3141		2148
刘玉文	3446	卢迪	2302
刘玉忠	3746		3236
刘玉宗	0702	卢光	2060

卢骅	0391	陆学凯	1666
	0870		1681
卢明辉	0184	陆玉文	2811
卢秀丽	0934	鹿新杰	2258
	0947	路地	1144
	3583		4152
	3600	栾凡	2482
	3603		2490
卢雪燕	1013		3167
卢载鹤	0602	栾福鑫	3045
鲁滨	1567	栾桂芝	3443
鲁生	1455		3522
鲁阳	0012		3524
鲁渝生	0294		3528
	1226		3531
	1375		3565
	1556	栾榕年	1481
	3928	栾晔	0614
	3932		0615
陆德华	1651		2197
	1685		3288
陆海英	1036	罗惠翾	2377
	1045		4189
	1961	罗杰瑞	2848
陆洪兴	2223	罗丽达	0780
陆家屹	3404		2664
陆可平	0786	罗丽欣	3485
	2359	罗利	3524
陆岚	3521	罗明明	3243
陆南	1856	罗绮	1133
	1915	罗盛吉	0962
	1922	罗文华	2803
陆雯	3520	罗也平	3330

作者索引

吕斌	1779	麻健敏	0569
吕菲	1164		2391
吕浩月	3281		3461
吕霁红	2266	麻秀荣	0356
	2432	马爱杰	3406
吕霁虹	1082	马彪	2935
吕景利	0549	马冰心	2894
吕欧	0161	马大正	3962
	0241	马丁·嵇穆	1244
	0969	马东	3343
吕萍	0567	马恩巨	3822
	0576	马福生	1931
	0620	马国栋	3162
	1377	马国瑞	1934
	1389	马鹤丹	3174
	1391	马宏	1981
	1439	马惠娟	3293
	1730	马景星	1634
	1892	马竞淏	3245
	3201		3769
	3335	马靖妮	4143
	3349	马磊	3398
	4202	马力	0027
吕劭男	0418		0694
吕晓冬	1673	马名超	3793
	1702	马清福	1124
吕秀莲	0673		1126
吕焰	1932		1193
	2017		1205
吕寅	1716	马秋萍	3529
吕英凡	4004	马仁姣	3052
吕钊卿	4100	马涉湘	1951
M		马婷	1990

满学研究论文索引（下）

马万学	3746		2218
马薇	0075	毛宪民	1068
马熙群	3876		3652
马熙森	0766	么素芬	1315
马熙运	0700	梅金华	4094
	3806	门育生	0037
马协弟	0022	门泽琪	1891
	0032	蒙林	0260
	0038		0292
	0281		2360
	3675	孟聪	2382
	4014	孟达来	2704
马雄	1424		2775
马学良	4005	孟繁晶	3494
马延泉	0035	孟繁勇	0623
马铁潞	1374		0646
马颖	1000	孟古托力	3900
马玉斌	2313	孟慧英	0442
马跃	1623		0449
	1624		0485
	1627		0504
马越山	0696		0509
马长春	2119		0510
	3744		0519
	3752		0523
马振庆	1849		0524
马志刚	0075		0570
玛纳	3086		0651
玛娜	0881		0655
满都尔图	4052		0899
满都呼	2065		1293
满意	3241		1295
满懿	2181		1298

作者索引

	1306	莫立民	1267
	1335	莫艳	2195
	1533	木曼	2425
	1803	穆尔察占堃	2587
孟军	3741	穆国夫	2121
孟凌云	1364	穆鸿利	0109
	3184		0816
孟璐	1732		2682
孟庆阳	1001		2746
孟宪刚	0189		3914
	0282	穆静	3787
孟宪仁	2565		3805
孟祥林	1571	穆丽	1183
	3117	穆晓伟	3126
孟祥义	2159	穆眸骏	0658
	2177		2523
	3142		2535
	3178		2539
孟祥宇	2981		2566
	2986	N	
孟祥禹	3488	N.哈斯巴根	1006
孟醒	2247	那启明	0781
孟月明	3296	那挺	2305
孟昭发	2179	那炎	0914
梦月	1354	那贞婷	1413
米哈伊·霍帕尔	0529	南洪钧	0316
米秀芳	0418	楠木贤道	0616
苗丽	0624		3038
	0639	倪钢	3176
闪讯	4124	倪黎祥	0143
明宏伟	1981	霓裳	1560
明继学	3289		3874
	3314	念奴	1746

满学研究论文索引（下）

	3782	潘冬梅	1926
	3810		3378
聂鸿音	0930	潘虹	1858
	1229	潘洪钢	0290
	2732		2486
聂翔雁	2397	潘华	2200
聂晓灵	0270	潘瑾筠	2141
	0275	潘先林	3965
聂啸虎	3506	潘晓红	1739
聂鑫	3320	潘妍	3383
聂有财	0823	盘洁	0252
宁昶英	0432	庞·T·A	0897
	0463	庞·达吉雅娜·阿列克山德洛夫娜	
	2032		0893
	2047	庞凤芝	0060
	2262		2072
	2263	庞丽娟	0681
	2337	庞祖雪	3014
	2623	裴立扬	2063
宁朝	0348	彭勃	1284
宁殿弼	3819	彭纯	0631
宁鸿博	3249	彭静	2201
宁旭	1836		2219
牛海桢	1964		2220
	1965	彭晓波	0318
牛汝极	4112	彭赞超	0862
O		皮耶罗·克拉蒂尼	3721
欧立德	2477	蒲玉宾	3294
欧阳伟	3022		3382
	3023		3568
P		朴东生	1452
潘超青	1246	朴刚	0155
潘驰宇	1905		3534

作者索引

朴慧新	1611	奇文瑛	0546
朴尚春	3926	綦中明	0847
朴文英	2154		0852
朴贤美	0619		0866
朴玉顺	2295		3005
Q		启岩	3559
漆凌云	1447	钱国宏	2241
齐晨	1406	钱娜	1829
齐福康	0885	钱树信	1603
齐海英	1406	浅水	1548
	1445	乔·斯达里	0065
齐红深	3430		0068
	3431	乔天碧	0495
	3434		1962
	3469	秦才	0229
齐木德·道尔吉	0921	秦东宏	3545
	3625	秦贤宝	3460
	4074		3464
齐秀梅	0398	秦玙	3157
齐雅香	2751	青鸾	3841
齐震	3262	清格尔泰	2525
祁美琴	0844		2676
	0860	清蔚	2609
	1106	邱冬梅	1405
	1956	邱广军	0560
祁姿好	2234	邱实	2000
其木德·道尔吉	2738	邱源媛	1992
奇车山	1214	秋心	1542
	2669		1744
	2707		1754
	2716		1758
	2717		2564
	2731		3880

屈建军	0219	荣铁耕	3633
屈六生	2270	融雪	1799
	2548	阮凤文	1844
	2605	S	
	2617	赛音	3765
	2827	赛音塔娜	0500
	4151	三田村泰助	0885
曲东明	2237	桑玉柱	2445
曲贵卿	1994	沙海英	2090
曲洪刚	3332	沙奇	2458
曲六乙	0538	山崎雅人	2700
曲守成	3142	尚海	3160
曲文勇	0857		3826
曲彦斌	4159	尚锦青	3735
全华民	1353	尚晶	1645
泉源	1035	邵凤丽	0641
R		邵明	2310
任朝伟	1755	邵明清	1604
任东	1908	邵帅	2509
任光伟	0538	邵文津	0660
任鸿魁	2680	邵媛媛	0593
任嘉禾	0406	申成信	0879
	0408	神田	4068
任健	1839	沈健	3358
任蕾	0541	沈潆淏	1572
任树民	0223		1578
	4140	沈林	0819
任惜时	3994		2933
任禹澎	1431		3313
任玉函	2973	沈柳	0557
任玉雪	0301	沈胜群	0258
日晨	0425	沈微	0333
荣恒山	2572		1038

作者索引

沈欣荣	2321		1486
沈秀清	0726		1508
沈延林	2420		1515
	3313		1517
沈一兵	4181		1522
沈一民	0942	石继顺	0638
	3153	石君广	3983
沈英	1797	石磊	1609
沈瑛	1802	石立林	1701
沈雨梧	2475	石琳	1742
沈原	2582	石桥崇雄	4023
	2678	石少涛	1403
盛雪	1719		2452
盛韵	0179		2453
师丽华	3463	石文炳	0772
师玉梅	2447	时嘉	2253
施立学	0222	时秀云	3174
	1092	时妍	2460
	1351		3043
	1352		3046
	2073		3051
	2074	实玮	1052
	2414	時文甲	1025
	2444	史革新	3238
	3234	史禄国	2347
	3518		2348
施晓亮	3956	史晟男	2215
施哲莹	3956	史树青	1763
石峰	4081	舒济	0824
石光华	3984	舒乙	1121
石光伟	1465	舒云	1223
	1468	舒展	0140
	1477		0680

	2036	宋函颖	1677
双山	2991	宋和平	0342
司成钢	2006		0476
司徒	3670		0497
斯达理	1094		0515
	2874		0540
斯达理·G	0897		0899
斯蒂芬·杜兰特	1283		0908
斯钦布和	1003		1286
斯琴巴特尔	2943		1302
斯勒巴特尔	2681		1331
嵩克	2640		1525
	2857		1574
	3109		2688
宋冰	0969	宋基中	0106
	1017	宋锦生	1500
	3281	宋魁彦	1781
宋承绪	1334	宋黎黎	1407
宋传玉	0460	宋立恒	0276
宋春颖	1858		0833
宋德宣	0332		1975
宋德胤	0482	宋莉	1366
	1287	宋全	0344
	1292		2144
	4067	宋文婕	1270
宋抵	0430	宋小飞	1889
	0473		1924
	3734	宋学智	1855
	3738	宋胤佐	1576
宋戈	3835	宋瑛	1480
宋歌	3817		1541
宋国强	0192	宋玉荣	3753
	0200	宋兆麟	2068

作者索引　137

苏淮	3336	孙华	2968
苏集祖	0859		3283
苏静	0935		3285
	1395	孙辉	2671
苏凯	3412	孙继艳	2385
苏科洛娃	0521	孙建冰	1407
苏奎俊	3654		2868
	3712		2869
苏亮	0323		2886
苏明哲	1905		2915
苏婷	3015		2916
苏肖晴	3508	孙静	0114
苏小燕	3175		0116
隋安福	1561		0174
	1562		0226
隋丽	1397		0309
	1418	孙娟	3529
隋琳	1162	孙蕾	1695
隋书今	1478	孙黎	1379
	4042	孙立军	2203
隋永良	0562	孙丽清	1513
孙阿玲	3941	孙利生	2151
孙伯君	0804	孙琳	0426
孙朝霞	2066		1432
孙春日	0362		1446
孙浩洵	0850	孙玫	3845
	0865	孙美璆	3267
	1997	孙明	0755
孙浩宇	1438		0757
孙颢	2103		1108
孙合秀	2207		1111
孙虹	3362		2861
孙鸿钧	1501		3714

	3987		0577
孙铭悦	3272		2569
孙其刚	2213	孙长来	3641
孙启仁	2430		3660
孙强	0423	孙志鹏	3974
孙俏	1717	索德	2624
孙世红	3616	索继明	3490
孙守朋	3939	T	
孙淑秋	0243	塔娜	0475
孙炜冉	0591		2353
孙卫国	4179	塔提娜·庞	0535
孙文良	0016	覃蕊	2180
	0018		2186
	3091	谭洪宗	0425
孙文怡	2513	谭阔	1314
孙希武	1865	谭黎明	2493
	3186	谭万生	3510
	3397	谭小民	0420
孙相适	0744	谭玉秀	0572
孙小宁	3503		3417
孙晓勇	4221	汤夺先	2373
孙旭东	3235	汤景泰	3300
孙雅致	0613		3923
	1840	汤晓青	4006
	2196	汤晓霞	1648
孙彦贞	2080	汤煜	1931
孙怡妹	1761	唐大为	2291
孙艺	0608	唐戈	0543
孙英年	3997		0805
孙莹	3768		0857
孙玉石	4138		2287
	4139		2790
孙运来	0322		2791

作者索引　139

	2840	田春燕	3055
	3159	田丹	3623
唐国益	3274	田东奎	0395
唐果	1165	田婧	0657
唐均	2852	田丽梅	2170
唐呐	1285	田莉莉	2440
唐如蜜	3271	田梅霞	2016
唐瑞玲	2865	田小书	1699
唐伟华	0396		2106
唐学凯	0070	田雨	3570
	0713	田志和	0288
唐英凯	3891	田子馥	1504
唐玉民	2358	铁木尔胡伊格	1381
唐云松	3322	铁男	0059
	3523		0351
陶广学	3210		1089
陶瑞峰	1894		2059
	1918		2062
陶诗媛	0854		4036
陶亚	1981	佟春林	0357
特克寒	0093		1241
	0303	佟春霖	3448
滕昊	2333	佟鸿举	0903
滕绍箴	0228		1337
	0427		3435
	0722		3438
	0723	佟加·庆夫	2750
	0763		3040
	1129		3608
	3733	佟佳江	0898
滕瑶	0361		0906
滕云	2300	佟金鹤	3395
	2333	佟克力	2880

满学研究论文索引（下）

	3635		3969
佟连庆	3040	W	
佟明光	3881	完颜·古尔金	0752
	3897	完颜雯洁	3065
	3904	宛如	3885
佟文英	1598	宛因	3515
佟颖	0958	万保君	0125
	2950		0132
	3010	万依	1510
佟永功	0213	汪玢玲	4155
	0459	汪立珍	0517
	0825		1363
	0912		2823
	0915	汪丽珍	0456
	2530		0492
	2531		2042
	2560		3095
	2684		3124
	2699	汪萍	3532
	2759	汪韶彬	0734
	2765		0800
	2769	汪亭存	0590
	2832		1725
	2854	汪秀霞	1847
佟有才	0846	汪宗献	2033
佟玉泉	1307	王爱侠	3597
佟悦	0128	王爱云	3967
	1497	王岸英	2285
	1519		2812
	2089		2881
	2352		3703
	2369		4020
	2571		4021

作者索引

	4033		1816
王柏青	1154		1817
王宝库	3582		1820
王宝平	0671		1825
王兵	3561		2050
王波	0987		2199
	3621		2264
王不也	0683	王淳	2416
王超	2509	王从安	0660
王焯	1853		0679
王成民	1765		3647
	1767	王丹	0822
	1819		2312
	3130	王丹霓	1369
	3163	王德平	3531
	3278	王德仁	0727
王成名	0322	王敌非	0863
	0577		0960
	0578		0971
	0580		0973
王成云	4099		0988
王充闾	1037		0994
王崇	2881		0995
王春光	3405		1175
王春容	1135		2941
王纯信	0443		2951
	1749		2958
	1771		2994
	1785		3028
	1793		3029
	1798		3044
	1811	王冬芳	0198
	1812		1953

	2020		2271
	2149	王宏刚	0350
	2350		0353
	2355		0445
王冬梅	1233		0468
王逢瑚	3539		1157
王凤娟	3533		1291
王福霞	2906		1324
王付友	3211		2051
王富秋	3264		2053
	3530		2055
王钢	3735		2139
王革生	0339		2140
	0341		2271
	0343		3133
王冠英	1132		3192
王光	1847		3206
王光迅	3669		3207
王广结	3735		3507
王贵文	0193		3509
	0287	王宏硕	1837
王海冬	0628		1857
王海荣	0869	王宏一	2435
王海霞	0147	王虹	1786
	1664	王洪宝	2077
	1665		2078
王海燕	1890		2079
王海洋	2011	王洪源	3847
王红娟	0979		3864
	3610	王化文	1333
	3618	王欢欢	2992
	3619	王会银	2467
王宏北	1580	王会莹	1338

作者索引

王绘沣	3525	王敬英	3528
	3526	王久宇	3244
王火	0785	王俊	0061
	0789	王俊敏	2368
	0791	王柯	2259
王纪	1771	王科	1125
	1816		4001
	1817		4008
	1825		4162
	1828	王克之	2007
	1833		2008
	1871	王来春	2039
	1881	王磊	2421
	1882	王蕾	3615
	1888	王黎平	1703
	2199		1704
王际源	0656	王立	1266
王家鹏	0483		3370
王坚	3122		3484
王建	3377	王立扬	0634
王建华	0214	王丽	2434
王建中	1258		3770
	3158	王丽君	3596
	3798	王丽丽	3017
	4007	王丽娜	0604
王杰	1123	王丽萍	3319
王洁	3728	王丽伟	0635
	3887	王丽艳	4154
王金龙	3630	王丽燕	1631
王晶	0363		1640
	1096	王莉萍	3735
王景义	0089	王连芳	1958
王景泽	0827	王亮	3215

满学研究论文索引（下）

王林晏	0681	王平鲁	3737
王玲玲	3747	王萍	2212
王美雨	2028		2257
	2978	王琴书	3017
	2979	王庆丰	2550
	3034		2562
王蒙	3251		2631
王珉珠	1643	王全	2199
王敏燕	0121		3478
王明飞	1729	王泉根	0775
王明霞	0312	王汝梅	1015
	0537		1021
	0545	王瑞华	1849
	2098	王若	4016
	2109	王飒	0690
	2431	王珊珊	1678
	2495	王胜利	4036
	3249	王诗月	2248
	3355	王守刚	2049
王明志	2739		2132
	3134		2138
王鸣	0945	王抒婧	3757
	2162	王姝琛	3742
	2235	王淑慧	2224
	2248		2226
王沫	2083	王淑英	2487
王乃功	1552	王术晶	3276
	1575	王硕	0982
王宁宁	1898		3369
王佩环	1034	王思治	3795
	2125		3796
	2557		4071
	3104	王松林	1815

作者索引

王素香	1972	王欣欣	1879
王涛	2521	王新弟	0735
王天杞	2345		0736
	2346	王信威	1566
王铁梅	1680	王兴	2017
王婷婷	3310	王秀芹	3493
王微	3355	王秀荣	1494
王为民	2976	王秀侠	1576
	3025	王旭东	1899
王伟	0578	王学斌	3973
	0822	王学勤	0327
王卫东	3890		4225
王文东	0414	王雪菊	3134
	0415	王雪丽	3336
	0417	王雪梅	0249
王喜太	2153	王研	4190
王霞	3758	王颜飞	1658
	3759	王砚天	1404
	3760	王艳春	0733
王宪峰	2894	王雁	0646
王项飞	0554		1112
王小川	0951	王杨	2249
王小红	2797	王洋	1996
王小虹	2740	王耀辉	2105
	2835	王一华	0403
	2859	王毅承	3378
王小梦	2260	王茵	1844
王晓东	1667		2390
	1693		2436
	1737		2449
王晓飞	3893	王莹	2102
王晓华	1851		2394
王晓楠	1625		2400

	2401		1582
			1584
王颖超	0311		
王友文	3419	王志国	2066
王佑夫	1145	王中和	4134
	1149	王中军	2289
	1219	王忠	1370
	1220	王忠欢	2894
	1221		3329
王宇	0271	王钟翰	0003
	0278		0182
	2515		0693
王宇舟	1642		0774
王禹浪	0166		1960
	1055		3106
	1063		4082
	3137	王卓	1152
王玉	2315		1416
	3241		1429
	4094		3622
王元清	2002	王子龙	1178
王跃	3558	王纵林	1703
王云英	2124	王佐贤	1791
	2145		1795
王耘	2190		2339
王泽行	2246		2340
王臻	0268		3427
	3657		3825
王臻青	1841	王佐贤	2344
	2087		2427
王振宇	2136	旺堆	2879
王镇	3017	韦尔申	2018
王政玺	4142	韦泽	2433
王政尧	1516	尉晓娟	2167

作者索引

魏福祥	0389	乌丙安	0438
魏海龙	3476		0452
魏鉴勋	1118		1289
	1208		2054
魏靖琳	1925		4058
魏军	0120	乌拉熙春	1451
	3389		1453
魏巧燕	0999		2642
	3042	乌兰	0839
魏巍	3613	乌兰巴根	2932
	3614	乌兰巴特	0008
魏文娟	3249	乌兰其木格	0952
温兰	2194		0981
温乐群	3075		3628
温淑萍	3612		3631
温有锋	2509	乌日根	2624
	3758		2639
	3759	乌日古木勒	1343
	3760	乌云毕力格	1019
温长松	4210	乌云格日勒	2966
	4212	邬诺娃	1721
文化	2920	吴宝柱	2614
文牛	2155		2621
文韬	3814		2634
文雅	2261		2638
文扬	4035		2656
文钟哲	0076		2706
	0355		2725
	1087	吴碧宇	2925
	1308		2937
	1322	吴伯娅	3988
	3656	吴勃	3302
翁杨	3539		3325

满学研究论文索引（下）

吴春娟	0814	吴绍锌	2031
	0946	吴松林	2093
吴春磊	3553		2097
吴丹	1632	吴天颖	2109
吴道毅	1170	吴维	2575
吴迪	0630	吴伟	1281
	2239	吴卫	0812
	3354	吴文博	3436
吴丁	3664	吴晓峰	1655
吴凤玲	2474	吴晓莉	2481
吴刚	1155	吴昕阳	0910
	3947	吴兴尧	1952
	4193	吴修琴	3594
吴海琰	3483	吴雪娟	0302
吴昊	2214		0812
吴红艳	3356		0919
吴宏伟	2697		0962
	2766		0970
吴健玲	1238		1323
吴金林	3725		1357
吴俊德	1622		2005
吴俊杰	0122		2168
	0316		2644
吴可	2217		2808
吴来山	0536		2843
吴磊	4207		2844
吴敏	2091		2928
	2955		2939
吴倩	3277		2963
吴润令	1789		2998
	3786		3031
	3813		3690
吴尚	3489		3710

作者索引

	4156	细谷良夫	4225
吴雪梅	3924	夏春冬	2375
吴依桑	2946	夏桂霞	1097
吴永华	1920		1974
吴雨	4182		3387
吴玉杰	1726	夏航	1097
吴元丰	0911		1974
	0927	夏佳	2092
	0941	夏柯	3951
	0950	夏磊	3541
	0974	夏权威	2507
	0975	夏人	1194
	1022	夏石	1122
	2581		1136
	3590		1209
吴岳福	0683		1210
吴云涛	3420		3800
吴扎拉·奇车山	2522	夏树藩	0730
吴扎拉克尧	0010	夏宇旭	0272
	0269		2389
吴真	2469		3484
吴正格	2127	夏至	4043
	2129	佡俊岩	1054
	2133		1059
吴智超	0026	向荣	3849
武亚民	3581	项小玲	0895
X			1222
奚岩	0609		1227
	1676	肖光辉	0653
奚英波	1606	肖可	2615
席焕久	2509		2647
	3759		2662
	3760		2696

满学研究论文索引（下）

	3425	邢忠伟	3448
	4009	熊坤新	0418
	4010	熊南京	2960
	4011	熊元彬	0254
	4023	修伟	3233
肖朗	0945	宿宝贵	3731
肖立军	3464	宿雨	1130
肖锐	0238	秀云	3030
肖帅	2314	胥洪泉	0957
肖韦	1114	徐彻	4049
萧忠伟	1846	徐达音	1495
小记	2164	徐德元	1813
晓春	1010	徐东	2258
	2783	徐芳	3566
晓婷	2236	徐光荣	3968
笑宇	1475	徐国清	1559
谢春河	0307	徐恒晋	0280
谢贵安	0943	徐建平	0308
谢慧君	3707	徐景华	0806
谢佳忆	3407	徐立艳	0559
谢景芳	0171		0579
谢淑玲	2498		1410
谢忆梅	1427		2027
谢永芳	1247	徐俐力	2779
谢肇华	0783	徐莉	0948
谢宗旭	1067		3591
心宇	4063	徐连栋	2215
辛格非	0424	徐璐璐	1679
辛雨时	3440	徐美红	3017
信夫	4068	徐苏	3661
星汉	1202	徐素卿	0181
邢宝峰	0754		3496
邢德生	2153		3501

作者索引

徐万邦	2188		0858
徐文海	3927		0940
徐潇雨	0622		1234
徐潇雨	1185		4153
徐小慧	0923	薛海燕	1237
徐晓春	3727	薛洪波	0419
徐雪梅	0248		3008
徐延英	3414	薛莲	2911
徐艳文	2242		0951
徐冶	3704	薛梅	3930
徐艺	1912	薛伟强	0167
	1914	薛迎春	3358
徐懿姣	0806	学亮	3557
徐迎新	4228	雪静	2251
徐永志	4207	Y	
徐玉良	3504	雅尔哈	2721
	3513	雅路	0778
徐玉玲	1279		2610
徐悦	1818	鄢莹	2183
	3097	嫣然	3870
徐长谦	0663	闫超	0539
许大芳	0411	闫立辉	3556
许皓光	2702	闫立新	1041
许鲲	0390	闫秋红	1163
许明玉	2700		1273
许淑杰	0751		2505
	1101		2512
	3333	闫绍惠	3559
许双毅	1709	闫欣	3550
许秀芳	0491	严革	4136
许永莉	3762	严佳	3990
薛柏成	0668	严明	1094
	0738		2874

严薇	1602		3576
阎成立	1636		3577
阎崇年	0096		3763
	0099		3883
	0856	扬林山	3368
	0922	杨传庆	3966
	3778	杨春	1148
	3803	杨春风	1987
	4040		2409
阎蕾	1989		3184
阎立新	0094	杨春俏	0829
	0205	杨春宇	2981
	1954	杨大禹	2301
	2375	杨发清	4003
	2813	杨帆	2268
	3592	杨峰	1783
阎丽杰	1184		1910
	1186		1937
	1434		3401
	2085	杨国强	2480
	2096	杨海鹏	0687
	2110	杨晗	0606
	3351		2111
阎美光	2254		3390
阎秋红	1151	杨和中	2040
	3168	杨贺春	0703
阎秀峰	0699	杨红	3169
阎学仁	0697	杨洪波	0191
	0878	杨华	0827
颜景柏	0568	杨惠滨	0938
颜九红	3942		2374
颜廷真	3694		2785
晏路	3575		2791

作者索引

	3136	杨树林	1870
	3149	杨四平	1347
	4120	杨天舒	1859
	4148		1860
	4156		1862
杨济宾	1887	杨天在	3790
杨剑龙	3199	杨巍	1675
杨金会	1843	杨文星	1539
	3941		1550
杨晶石	3615	杨锡春	0556
杨静维	3016		2172
杨久盛	1523		2174
	1573		2293
	1587		3179
	2043	杨晓君	3658
杨菊华	1586	杨晓梅	2504
杨立新	2056	杨秀	3766
杨丽辉	0088	杨秀林	0457
	2061	杨学琛	0387
杨丽娟	0840		2465
杨烈	2101	杨雪	2424
杨林勃	1346	杨衍春	2912
杨琳	0581	杨艳	1710
杨茂盛	0806	杨洋	2376
杨萍	0121		3758
	0131		3759
	2901		3760
杨朴	0531	杨义健率	0630
	1361		1727
杨清源	4036	杨英杰	0444
杨瑞雪	2100		2044
杨士清	4093		2045
杨世祥	1594		2338

满学研究论文索引（下）

	2341		4078
杨英军	0835	伊利民	0358
	1821	伊增埙	1607
杨英宇	3414	衣保中	0289
杨永旭	0317		0335
	2493	衣淑华	1591
	3726	衣长春	0991
杨永耀	0199	依兰	2691
杨勇	0862	依孜	3957
杨勇军	0983	猗兰	4025
杨宇	0276	仪德刚	3651
杨云	3854	怡民	2178
杨珍	0984	宜尔根	4079
	3441	佚名	2228
	3907		3549
杨政	1971	易欣婷	0625
杨治经	1340	毅松	3437
	1341	音戈	1785
杨子忱	1824	殷安妮	2233
	3147	殷宝怡	1415
姚斌	0709	殷芳	2415
	0741		3491
	3650	殷晶波	1402
姚大力	0116		1409
姚立华	1707		1423
姚素秋	1569	尹·郁山	0777
姚小朋	3336	尹国有	1823
姚颖	2826	尹虎彬	3905
姚玉成	0687	尹兰梅	2136
姚蕴	1684	尹立芳	0240
瑶百舸	0510	尹鹏阁	3047
伊葆力	3137	尹铁超	2837
伊澈	4072		2939

作者索引

尹以钦	0489		2608
尹永荣	0747		2627
尹郁山	0466		2648
	0782		2649
	0886		2666
尹煜	0992		2694
尹子燕	1706		2695
印丽雅	2703		2714
英未未	0107		2728
荧惑	3082		2729
瀛生	2361		2749
	2362		2762
	4026		2771
瀛云萍	0880		2786
	3667		2801
	3699		2820
	3700		2838
	3702		2860
应紫	1276		2883
永嘉	4107		2904
	4135	于爱红	1866
尤凤翔	0378	于波	3954
	0379	于春英	1436
尤金良	1304	于得智	1741
尤然	1435	于迪	2316
尤志贤	2524	于凤腾	3762
	2534	于富业	3340
	2536	于海峰	0163
	2556		3316
	2570		3317
	2591	于海民	2288
	2592		2292
	2607	于慧	2987

	3056		0896
于济源	0527		3732
	1350		3736
于礁	4045	于又燕	1288
于莲	2081	于月华	3831
于烈梅	1637		3850
于鹏翔	0753	于长春	2513
	0851	于植元	4024
	1101	余阳	0345
	2435	余杨	2092
	2596	余音	3961
	2811	余震南	1457
	2828	余梓东	0078
	2878		0169
	2889		2183
	3333		3937
	3484	俞慈韵	4057
于瑞红	0130	俞灵	3180
于素林	0725	虞德华	1588
于维汉	3762	雨水	4030
于文娇	2509	禹宏	1303
于学斌	0565	郁辉	0826
	1827	郁正民	1723
	1842	育光	2128
	2298	喻权中	0413
	3182	袁炳昌	4086
	3195	袁城	1984
于雪	1672	袁锋	2466
于亚军	2388	袁辉	0731
于洋	0643		2143
	1107	袁帅	2230
	4227	袁思成	0224
于永敏	0888	袁正	0588

作者索引　157

	2491	曾江	3041
苑海龙	3379	曾令欣	2403
苑杰	0582	曾闻	1919
	0583	曾小吾	0159
	0599	曾雪峰	2894
	0821	曾妍锋	3378
	3292	查集振	3336
苑利	1309	扎昆	0905
	3133		0965
	3164		2691
岳广腾	0601	翟海涛	0214
岳天明	2308	翟立伟	0437
岳巍	2840	翟麦玲	0315
云汉	1530	翟全伟	2970
	3512	翟晓萍	3735
Z		粘国民	0047
曾凡伟	3303		0704
曾慧	1885	詹娜	0385
	2163		1430
	2165		2451
	2175		3399
	2182		3986
	2185	战肃容	1476
	2189	张爱群	0207
	2191	张柏联	2221
	2198	张碧波	1091
	2210		1345
	2225		3193
	2245		3237
	3250	张丙娜	1718
	3268		2455
	3269	张炳旭	0364
	3299		1448

满学研究论文索引（下）

	3648	张广才	3253
张晨	3402		3373
张成茂	3525	张广熙	1804
	3526		3871
张成义	1873		3894
张楚	2976		3896
张春海	2012	张广渊	3588
张春艳	1872		3589
张春阳	2438		3597
张丹	3150	张桂秋	1526
张丹丹	0823		2680
张丹卉	0108	张桂荣	1362
	1969	张桂元	2320
张德玉	0486	张国昌	3422
	0522		3634
	0729	张国中	0767
	0756	张汉杰	1062
	0848		2156
	2376	张汉洁	1076
	2660	张红	3729
张迪	1349	张宏杰	0165
	2301	张虹	1084
	3933		1098
张殿典	0314		2299
	0626		2661
	0627		2683
	3012		2710
	4203		2724
张冬菜	1621		2759
张帆	3204		2769
张凤生	1592		2784
张革新	1554		2788
张庚钰	0055		2816

作者索引　159

	2832		2495
	2854		2501
	3695		2518
张华克	1444		2519
张惠萍	1007		3059
张继昂	1553		3098
张继锋	0568		3110
张继生	3596		3116
张佳生	0039		3128
	0079		3155
	0265		3156
	0312		3788
	0674		3815
	0675		3917
	0842		3920
	1077		3948
	1127		4048
	1137		4065
	1138		4069
	1139		4101
	1140		4119
	1146		4174
	1196		4175
	1198		4188
	1203		4191
	1204		4208
	1212	张佳讯	1224
	1213		4109
	1216	张家璇	3481
	1218		3482
	1256	张嘉鼎	2558
	1257		2576
	1976	张建	3944

满学研究论文索引（下）

张建辉	0219		2041
张健	3970		3071
张娇岩	2454		3078
张杰	0293		3099
	0372		3843
	0373		3869
	0381		3921
	0386		3931
	0534		4050
	0677	张军	0936
	0764	张钧	0873
	0832	张俊玲	3735
	0834	张凯	3347
	0862	张可心	1555
	1833	张克	0689
	1877		0735
	1878		0736
	2549	张阔	3286
	2686	张岚岚	3267
	2945	张雷军	3132
	3105		3138
	3190		3143
	3307		3148
	3445	张丽	0383
	3449		3304
	3971		3305
张锦贻	1180		3318
张晶晶	0610	张丽红	1420
	1240		1442
张敬媛	0187	张丽晶	3319
张菊玲	1113	张丽梅	0650
	1115		3139
	1189		3198

作者索引　161

	3409		3982
张丽娜	0954	张倩	1636
张利	1970	张强	3543
	3213		3544
张俐	3582		3545
	3588	张俏平	1929
	3589	张瑞生	3216
张莉	0635	张瑞贤	3749
	0892	张少赤	1499
	0901	张生	1651
	0904		1685
	2737	张士尊	3706
张林	0366	张世斌	1243
	0530	张淑蓉	0869
	1253		3727
	1282	张淑霞	1559
	2103	张淑芝	1805
张玲玲	2283		2142
张美娟	3220	张戍	3054
张美兰	1005		3627
张宁	1280	张树卿	0472
张佩吉	1454	张树铮	2690
张鹏	2736	张爽	0573
	2763		0600
张鹏辉	1159		1633
张平生	2064	张思宁	3265
张其卓	0221	张松	0596
	0698		4224
	0707	张素杰	3602
	0818	张泰湘	0669
	0864		2779
	2014	张涛	4017
	2464		4123

满学研究论文索引（下）

张彤畔	1781	张旭	0672
张万林	0367	张璇如	0453
张万兴	1778		1944
张威	2019		4141
张微微	2309	张学生	3564
张伟宏	2146	张雪飞	0601
张炜炜	1883		1365
张卫	3749		1368
张文恒	1268		1382
张晰	2670	张艳梅	3556
张先清	2497	张艳秋	0478
张显忠	2184	张艳妹	1894
张相君	3013	张燕	3419
张晓光	0448	张洋	2392
	0498	张一凡	1616
	0682		1633
	0798	张一民	1044
	0872		1748
张晓军	3261		1776
张晓琼	0365		2269
	0815		3578
张晓校	0489	张溢洪	1506
张孝荣	3473	张翼	1067
	3536		3721
张心石	2342	张颖	3604
张新	3505	张永鉴	1844
张新锋	3731	张羽新	0190
张新阳	3338	张玉	2599
张兴全	1908	张玉东	2296
张秀荣	2070		2297
	2082		2456
	3224	张玉兴	0409

作者索引

	0410		3018
	3808	兆财	3315
	4145	赵阿平	0123
张元卫	4091		0686
张媛	1635		0798
张月妹	4195		2580
张云樵	0716		2588
张云霞	0828		2597
张兆平	3985		2600
张主	3765		2613
张琢	2983		2635
张作帼	3665		2641
章宏伟	0944		2658
	2862		2659
	3607		2673
章健	2520		2679
章学楷	1620		2708
張維華	1938		2715
长白雁	1657		2758
	2094		2790
长山	2900		2791
	2903		2802
	2920		2884
	2921		2892
	2949		3006
	2953		3119
	2957		3122
	2960		3123
	2989		3126
	2999		3136
	3000		3172
	3001		3248

满学研究论文索引（下）

	3284		1808
	3306		1809
	3447		1810
	4097		1835
	4108	赵凤阳	0714
	4160	赵复兴	2347
赵冰	3003		2348
赵秉忠	1083	赵珩	2252
赵伯陶	3830	赵红伟	3310
赵丹	0753	赵寰熹	0959
赵丹丹	4170		1998
赵德贵	0932	赵骥	3596
赵德生	1661	赵嘉荣	0784
	1668	赵杰	2058
	1720		2546
	1740		2553
赵东升	0264		2567
	0662		2601
	0670		2685
	0721		2709
	0784		2757
	0874		2772
	0914		2789
	1058		2794
	3260		2864
赵尔劲	0526		2971
赵凤山	1546		2987
	1597		3024
	1610		3056
	1773	赵金纯	2537
	1788	赵晶莹	3613
	1807	赵军秀	0065

作者索引

赵钧	0690		2265
赵俊学	1898		2279
赵丽	3535		2446
	3546		2630
赵丽艳	2009		2650
赵聪实	0640		3499
赵令志	0202		3511
	0963		3516
	1968		3517
	2876		3519
赵隆生	3020		3527
赵明	0360		3639
	2226		3642
赵楠	1722		3828
赵启泰	3500		3834
赵茜	3339		3837
	3385		3840
赵庆广	2227		3852
赵荣利	2412	赵硕旻	3271
赵润波	1458	赵斯琴	2113
	1459	赵维和	0359
赵盛利	2577		0499
	2578		0726
赵书	0015		0746
	0045		0754
	0052		0855
	0066		1049
	0069		1082
	0133		2412
	0284		2594
	0706		2637
	1774		3906

满学研究论文索引（下）

	3909	赵郁秀	3975
	3770	赵越	0326
赵伟	2326		1980
赵伟韬	2308	赵云田	0985
赵蔚	1903	赵展	0004
赵晓阳	3609		0017
赵欣	3582		0085
	3950		0104
赵兴元	0173		0462
	2084		0526
赵秀亭	0889		0711
	1211		1768
	3804		1943
赵秀英	0068		1963
赵彦昌	0820		2004
	0979		3077
	0980		3079
	0986		3170
	0989		3191
	3610		3776
	3617		4166
	3618	赵哲	3393
赵阳	3556	赵振才	2552
赵一璐	2104		3072
赵毅	3108		3076
赵永斌	2513		3081
赵永春	0748		3085
赵雨	3020		3088
赵郁楠	0374		3093
	1024	赵振民	2073
	1028	赵震	3359
	1973	赵志辉	0028

作者索引　　167

	1116		1469
	1117		1472
	1119		1474
	1131		1507
	3773		1521
赵志强	0305		1608
	0458		1698
	0883		2088
	0887		2604
	0891		2663
	1500		2687
	2678		2689
	2768		2711
	2793		2726
	2807		2744
	2890		2764
	2936		2799
赵志研	3180		2814
赵志忠	0072		2858
	0103		3152
	0145		3232
	0451		3350
	0494		4041
	0520		4165
	0551	赵忠伟	3524
	0907	郑川水	0279
	1134		1945
	1182	郑立华	3171
	1316	郑丽娜	1187
	1327		4211
	1328	郑明昭	3814
	1329	郑南	3352

郑瑞侠	4054		3203
郑善伟	2517		3227
郑硕	0991	周江	0401
郑天挺	0691	周江洲	2975
郑微	1109	周居霞	4220
郑向东	1401	周俊仪	3127
郑晓颖	1579	周立军	2302
郑雪松	3466	周丽娜	0633
郑岩	0370	周丽艳	2167
	3219		2180
郑再帅	2415		2186
支云亭	2470	周玲玉	3783
支运亭	3104	周令望	3762
	3114	周荣贵	1577
	3362	周汝昌	0067
知光	3102	周澍田	2739
中岛千起	2849	周松林	1873
钟百红	2488	周伟	1108
钟华	2017	周锡银	3829
钟耀群	3794	周曦	0313
衷肠	4028	周喜峰	0101
周波	3321		0119
周搏	2304		0153
周昌元	0441		0237
周春太	3380		0421
周芳	1269		1095
周凤敏	4019		1897
周海	3980		2379
周宏荣	1634		2506
周虹	2023	周晓峰	1639
周惠泉	1379	周轩	3812
	1385	周杨	3487

作者索引　169

	3492	朱育颖	4128
周远廉	0180	朱兆亮	0383
	1939		0402
	1942	祝嘉怡	1638
	3908	祝萍	3214
周允基	2280	祝注先	1565
	2281	庄福林	0479
周长庆	0111		0481
朱诚如	0005		0664
朱桂凤	0371		0665
	3352		0667
朱洪	0056		3693
朱洪敏	0688	庄福临	0666
朱华	3196		3684
朱积孝	0710		3692
朱剑波	2169	庄吉发	1026
朱进辉	1699		1080
朱立春	3353		1332
朱丽萍	3978	庄寿雨	2476
朱良津	1766	庄秀芬	1027
朱麟	2848	卓鸿泽	1245
朱眉叔	0877	子禾	3444
	1456	紫荆	1310
	3784	宗振华	2990
	4032		3039
朱彦华	1313	邹兰欣	0799
朱毅	1925		0913
朱永杰	3255		2541
	3273		2778
	3705	邹长清	0256
	3711	祖生利	3058
	3720	左步青	3074

左宏阁	1186
	2110
左书谔	0020
佐海峰	0793
	0802